U0805630

SHANDONG TOURISM
COMMODITY ANNUAL
2003-2005

山东旅游商品年鉴
2003/2005

山东省旅游局 山东省旅游商品开发服务中心 编

山东省地图出版社

图书在版编目（CIP）数据

山东旅游商品年鉴：2003～2005／山东省旅游局，山东省旅游商品开发服务中心编．—济南：山东省地图出版社，2006.8
ISBN 7-80532-947-8

Ⅰ.山...　Ⅱ.①山...②山...　Ⅲ.旅游商品－山东省－2003～2005－年鉴　Ⅳ.F762.7-54

中国版本图书馆CIP数据核字（2006）第095286号

《山东旅游商品年鉴2003-2005》编辑委员会

主　任：陈向群

副主任：贺思旭

编辑：张凡　李晓丽　林泳港　朱培锋

设计：李菊胜

策划制作：山东省旅游局、山东省旅游商品开发服务中心

山东省地图出版社
济南市二环东路6090号 邮编：250014
新华书店发行
210毫米 x 285毫米 1/16 印张：14
2006年8月第1版　2006年8月第1次印刷
印数：1—1000册　　定价：380元（精）

序

旅游购物是弹性最大、潜力最大的旅游要素，做好旅游商品工作具有极其重要的意义。吴仪副总理说“旅游商品开发非常重要！”，山东省委省政府高度重视旅游商品工作。

2003年，山东省旅游局正式接管山东省旅游商品开发服务中心。

2004年，山东省旅游行业协会成立旅游商品分会。

2005年，山东全省国内旅游购物比重达到18.48%，旅游购物收入达到180.1亿元，比2002年增加82.77亿元，增长了85.04%，旅游购物在整个旅游消费中的排名由第三位上升到第二位。

2005年，全省旅游外汇收入旅游购物比重达到19.27%，外汇收入达到15035.05万美元，比2002年增加5864.46万美元，稳居旅游消费排名第二。

《山东旅游商品年鉴》2003-2005卷客观、全面地记述了2003-2005年间我省旅游商品发展历程及成果。

在此，向为山东的旅游商品事业做出贡献的人们表示敬意！

陈向群

2006年5月31日

哈皮(happy)－山东省旅游购物吉祥物

为配合山东省旅游休闲购物，推出了旅游休闲购物形象—哈皮（happy），形象取自民众喜闻乐见的龙做原型（龙，以其强壮的身躯、威武的形象，自古以来就被中华民族视为吉祥之物，是驱害辟邪的神兽）。通过拟人化的表现手法，展现了一个活泼可爱、亲切友善、充满质朴气息的龙娃娃“哈皮”（happy）。他笑容可掬、热情满怀的迎接四海宾朋。“哈皮”（happy）形象色彩明快、冷暖对比强烈，给人以欢快愉悦之感，符合中国人的传统观念，充分体现了深厚的山东历史文化积淀。吉祥物取名“哈皮”（happy），意指在他的陪伴下，游客会有一个轻松、快乐、友善的旅游购物体验。

目 录 DIRECTORY

第1部分 行业大事记

2003年

1月23日 烟台市组织召开烟台市第一届旅游纪念品开发研讨会。

3月5日－7日 烟台市旅游局组织本市旅游商品企业到大连，参加第37届全国旅游品和工艺品交易会。

5月1日 由山东省福利彩票中心和山东省旅游商品开发服务中心联合推出的全国首套以旅游为主题的齐鲁风采“旅游山东系列”福利彩票在山东省内上市。

6月28日 枣庄市旅游局联合枣庄市经贸委、枣庄市工商局、枣庄市卫生局共同在枣庄购物中心举办枣庄市首届旅游商品评定暨旅游商品展示会。枣庄市市长李守义及山东省旅游商品开发服务中心主任贺思旭莅临指导。

7月 由山东省旅游局主办、山东省旅游商品开发服务中心和山东大学工业设计系承办、青州烟草公司协办的山东省首届旅游商品创新设计大赛在济南开赛。大赛以“浓郁的山东特色，厚重的齐鲁文化”为主题，面向全国征集参赛作品。

7月26日 由山东省旅游商品开发服务中心主办的《齐鲁晚报》“我最喜爱的旅游纪念品评选”专栏与读者见面。专栏通过图文并茂的形式介绍省内的旅游纪念品、工艺品、土特产品，并评选“2003-2004年度齐鲁十大优秀旅游商品”。

8月28日－31日 《山东省旅游商品开发规划》编制小组赴安徽考察学习当地旅游商品工作先进经验。

9月19日 山东省旅游商品开发工作现场会在泰安召开，会上泰安市旅游局作了典型发言。

9月25日－28日 山东省旅游商品开发服务中心赴上海考察“第五届上海旅游纪念品、礼品、旅游用品博览会”。

10月29日－11月3日 山东省旅游商品开发服务中心组织泰安、德州、枣庄等市的旅游商品负责部门，赴安徽省芜湖市参加2003年中国（芜湖）国际旅游商品博览交易会。我省共获得优秀展品奖5项、优秀组织奖4项、优秀展台奖2项。山东省旅游商品开发服务中心获得大会优秀组织奖。

11月 山东省旅游商品专业网站——“旅游商品在线”（www.tconline.cn）开通。

12月2日 《山东旅游购物指南2003-2004》编制印刷完成。

2004年

1月3日－6日 首届山东省旅游商品创新设计大赛作品展和颁奖典礼暨山东省旅游商品发展研讨会在济南良友富临大酒店举行。大赛共征集作品482件，分为工艺品、土特产品、旅游用品三大类。评出金奖1个，银奖3个，优秀奖10个，最佳人气奖1个，入围奖35个，优秀组织奖11个。

3月 日照市旅游局成立日照市旅游商品开发中心，由旅游局规划发展科管理。

3月2日 瑞士驻华大使多米尼克·德海耶及夫人一行到山东省旅游商品研发基地、“六真店”—淄博市张广庆内画艺术研究院参观考察。淄博市市领导陈燕楠、王树槐、吴振青以及区长助理张学锋陪同。

3月22日－4月2日 山东省旅游局副局长陈向群带领规划处、商品中心有关人员组成3人小组赴越南、柬埔寨及香港特别行政区，进行旅游商品购物专项考察学习。

4月9日－11日 中国（烟台）北方旅游交易会在烟台市召开。此次会议专设旅游纪念品、工艺品评比展会。国家旅游局副局长孙钢参加了开幕式，并到旅游商品展台参观。山东省旅游商品开发服务中心组织参加了中国（烟台）北方旅游交易会商品展。

5月 《山东省旅游商品开发规划》编制印刷完成。

6月4日－8日 山东省旅游商品开发服务中心组织参加了2003中国（杭州）国内旅游交易会优秀旅游纪念品、工艺品评比展。

10月下旬 《山东旅游购物指南2004-2005》编制印刷完成。

11月 由山东省旅游局与济南市人民政府联合主办、山东省旅游商品开发服务中心和济南市旅游局共同承办的“泉城杯”第二届山东省旅游商品创新设计大赛在济南开赛。大赛以“浓郁的山东特色，厚重的齐鲁文化”为总主题，“泉城济南”为分主题，面向全国征集参赛作品。

11月3日－6日 山东省旅游商品开发服务中心组织人员赴芜湖参加2004年中国（芜湖）国际旅游商品博览交易会。

12月27日 “泰安市首届旅游商品创新设计大奖赛”作品展评会在泰山宾馆举行。大赛共收到作品168件，主要有旅游纪念品类、工艺品类、文化艺术品类、土特产品类、旅游服饰类等。经专家评选，评出金奖1个、银奖2个、铜奖4个、优秀奖11个。

2005年

1月12日－20日 由山东省旅游局陈向群副局长带队，山东省旅游商品开发服务中心、淄博市旅游局、潍坊市旅游局、日照市旅游局代表以及省内著名旅游商品工艺大师等一行19人，赴新加坡参加了由新加坡金航旅游业有限公司与莱佛士城共同举办的第十二届“春城洋溢华夏情—山东展示周”活动。在展示周期间，山东省旅游局做了精彩的官方推介，省内著名工艺师展示技艺，并携带精美商品现场销售，山东著名厨师现场制作山东地方小吃，山东歌舞剧院专业演员每天进行精彩表演。

1月29日－31日 “泉城杯”第二届山东省旅游商品创新设计大赛作品展在山东省博物馆举行，近三万名观众参观。

1月31日 “泉城杯”第二届山东省旅游商品创新设计大赛颁奖典礼、山东旅游商品开发论坛在济南翰林大酒店举行。省人大副主任曹学成、省政府副省长王军民、省政协副主席朱铭等省领导出席大赛颁奖典礼，并到作品展示现场参观。大赛共评出金奖3个（含泉城济南题材1个）、银奖6个（含泉城济南题材2个）、优秀奖40个（含泉城济南题材10个）、最佳人气奖1个、平面设计奖3个，有15个单位获得优秀组织奖。颁奖典礼中公布了“2003-2004年度齐鲁十大优秀旅游商品”——潍坊风筝、杨家埠木版年画、淄博陶瓷、昌乐蓝宝石、阿胶、泰山石函砚、高密剪纸、即墨老酒、周村烧饼、乐陵金丝小枣。

3月9日－10日 泰安市旅游商品品牌展示会在东都宾馆举办。

3月16日－19日 山东省旅游商品开发服务中心组织参加全国第39届旅游品和工艺品交易会。

4月7日 全国人大常委会副委员长李铁映、农委副主任李春亭到山东省旅游商品研发基地、“六真店”——淄博市张广庆内画艺术研究院考察。

4月15日－17日 山东省旅游商品开发服务中心组织参加2005中国（桂林）国内旅游交易会旅游商品展。泰安市参展的“泰山辟邪桃木”被评为“2005中国国内旅交会最受欢迎的旅游纪念品和工艺品”。

5月22日 “智圣杯”首届临沂市旅游商品大赛圆满结束，评出金奖三个、银奖六个、优秀奖三十个。

6月11日－12日 山东省旅游商品开发服务中心组织参加中国（长春）北方国内旅游交易会旅游商品展。

6月24日－26日 济南市委宣传部、市精神文明办公室、市旅游局、市文化局、济南市委对外宣传办公室、济南市园林局六部门联合举办的“济南市首届旅游商品展示暨旅游文化博览会”，在济南市植物园生态文化广场隆重召开。济南市政府副市长王天义、副秘书长亓家滨、济南市委宣传部部长王良参加开幕式。本次展示有60余家单位参加，参加展示商品种类千余种。

8月7日 奥地利奥中文化交流协会主席汗斯魏斯先生到山东省旅游商品研发基地、“六真店”——淄博市张广庆内画艺术研究院参观考察。

8月16日 山东省旅游商品“六真店”建设现场会在烟台市张裕酒文化博物馆召开。山东省旅游局副局长陈向群出席会议并作了重要讲话。

8月29日 山东省旅游局举办“齐鲁精粹－首届山东省民间手工艺制作大师评选”活动。本次评选共分为8个主题：木板年画、风筝、剪纸、面塑、刻瓷、布玩具、烙画、黑陶工艺。

9月 《山东省旅游协会旅游商品分会会员通讯》总第一期出刊。

9月16日 山东省旅游行业协会和山东省消费者协会主办、山东省旅游商品开发服务中心和山东省旅游协会旅游商品分会承办的“2005-2006年度山东省旅游休闲购物十佳品牌”推介活动正式开始。活动设置了2005～2006年度山东省旅游商品十佳品牌（分为工艺品类、土特产品类和名优产品三类）、山东省大型综合旅游购物场所十佳品牌、山东省特色旅游购物店十佳品牌、山东省旅游休闲场所十佳品牌四大奖项。

9月25日－28日 山东省旅游商品开发服务中心组织参加2005上海旅游纪念品、礼品博览会。淄博市文鼎旅游商品开发中心参加了展会。

9月30日－10月1日 山东省旅游商品开发服务中心组织参加第三届海口旅游商品交易会。泰安市旅游局组织旅游商品企业赴海口参加了展会。

10月 由山东省旅游局和中国西霞口集团主办、山东省旅游商品开发服务中心和西霞口旅游总公司承办、济南旅游商品销售中心协办的“西霞口旅游杯”第三届山东省旅游商品创新设计大赛在济南开赛。大赛继续采用“浓郁的山东特色，厚重的齐鲁文化”的总主题，面向全国征集参赛作品。

10月 聊城市江北水城旅游商品开发中心正式成立。中心隶属聊城市旅游局，主要负责聊城市特色旅游商品的研发、设计、宣传及推广。

10月1日－5日 2005烟台市首届商（礼）品展览会暨创新设计大赛在烟台市博物馆展览中心举行。烟台市人大副主任仇善强、烟台市政府副市长李淑芹出席了开幕式，并现场参观。展览会共设展位50多个，参展单位60多家，参展展品共6大类。在活动期间，2005烟台旅游商品创新设计大赛300余件作品向公众公开展示，并评选出16件获奖作品。

11月 济南市旅游局编辑出版《济南优秀旅游商品集》。

11月23日－24日 “泰安市第二届旅游商品创新设计大奖赛”作品展评会在东岳山庄举行。大赛共收到作品126件，主要有旅游纪念品类、工艺品类、文化艺术品类、土特产品类、旅游服饰类等。经专家评选，评出金奖2个、银奖3个、铜奖5个、优秀奖10个、提名奖20个。

12月9日－12日 山东省旅游商品开发服务中心组织参加第六届中国（芜湖）国际旅游商品博览交易会。淄博市文鼎旅游商品开发中心、枣庄市泥古龙民间工艺礼品厂、山东蓝山食品有限公司赴芜湖参加了展会。

12月9日－14日 “西霞口旅游杯”第三届山东省旅游商品创新设计大赛作品展暨首届民间手工艺制作大师展在山东省博物馆举行，近五万观众参观。大赛共征集作品1005件，分为旅游纪念品、工艺美术品、民俗用品、民间艺术品、文化艺术品、土特产品、旅游日用品和平面设计作品（限旅游商品题材），共七类。

12月14日 “西霞口旅游杯”第三届山东省旅游商品创新设计大赛、首届山东省民间手工艺制作大师暨2005－2006年度山东省旅游休闲购物“十佳品牌”颁奖典礼、山东旅游商品论坛在济南翰林大酒店举行。省人大副主任曹学成、省政府副省长孙守璞、省政协副主席乔延春等省领导出席大赛颁奖典礼，大赛共评出90个奖项，特别大奖1个，金奖6个，银奖14个，优秀奖69个，另外有13个单位获得优秀组织奖。14位民间手工艺师分获“民间手工艺制作大师”和“民间手工艺制作艺术家”称号。

12月－2006年1月 菏泽市旅游局举办了“菏泽市牡丹系列旅游纪念品创新设计大赛”活动。本次大赛由菏泽市人民政府主办。参赛作品80余件，来自全省70多家旅游商品生产企业。大赛共评出金奖1名、银奖3名、优秀奖10名和荣誉奖10名。市人大、市政府主要领导亲自为获奖者颁发奖金和荣誉证书。

第2部分 行业管理

各级管理机构

省级机构

山东省旅游商品开发服务中心

山东省旅游商品开发服务中心，成立于1998年，是山东省旅游局为发展山东省旅游商品而设立的集管理、开发于一体的处级事业单位。主要负责山东省旅游商品整体规划、行业规范、管理、对外宣传、资源评估、市场开拓及信息交流等。

【职责任务】

按照国家及省委省府有关要求，运用法律、经济、行政等手段，对旅游商品进行计划、组织、指挥、监督，促进旅游商品的协调发展，实现旅游商品经济效益、社会效益的统一。

一、贯彻国家有关旅游商品工作的各项政策、法律法规及要求。

二、研究旅游商品市场存在的问题，制定旅游商品发展规划、发展战略、发展布局、产业政策等。

三、对旅游商品产业结构进行调整，加强对经营管理、资金、技术等方面的指导、协调与监管。

四、为旅游商品企业提供政策信息咨询和交流。

五、与旅游商品企业的行业组织进行沟通及指导，促进交流，维护其合法权益。

六、协调必要的财政支持及金融服务，组织制定保护、发展旅游商品的法规条例。

山东省旅游协会旅游商品分会

山东省旅游协会旅游商品分会，成立于2004年，是山东省旅游行业协会的专业委员会，负责全省旅游商品行业的协调和服务，是政府与企业之间的桥梁和纽带。

【工作范围】

旅游商品行业监督、管理；

组织旅游商品研发设计培训；

旅游商品认证；

协助山东省旅游商品开发服务中心开展相关工作；

旅游商品推介宣传、信息咨询。

地址：济南市经十路86号　邮编：250014

市级机构

城市	旅游商品专业机构	地址	邮编
济南	济南市旅游局规划处	济南市经七路纬四路117号	250001
青岛	青岛市旅游局规划发展处	青岛市闽江路7号	266071
淄博	淄博市旅游局规划财务科 淄博市旅游行业协会旅游商品开发委员会	淄博市中心路189号	255043
枣庄	枣庄市旅游局规划科	枣庄市文化西路19号	277102
东营	东营市旅游局规划发展科	东营市东城南一路1226号	257091
烟台	烟台市旅游服务中心商品部	烟台市毓西路17-2号	264000
潍坊	潍坊市旅游局市场开发科	潍坊市奎文区胜利东街326号	261041
济宁	济宁市旅游局规划发展科	济宁南岱庄路1号	272037
泰安	泰安市旅游局旅游商品开发科 （泰安市旅游商品开发中心） 泰安市旅游协会旅游商品开发专业委员会	泰安市岱宗大街123号	271000

威海	威海市旅游局规划发展科	威海市海滨南路北首	264200
日照	日照市旅游局规划发展科 日照市旅游商品开发中心	日照市烟台路 219 号	276826
莱芜	莱芜市旅游事业发展中心	莱芜市文化北路 1 号	271100
临沂	临沂市旅游局规划发展科	临沂市金雀山一路 43 号	276001
德州	德州市旅游局业务科	德州市东方红路 36 号	253012
聊城	聊城江北水城旅游商品开发中心	聊城市东昌西路 24 号	252000
滨州	滨州市旅游局规划科	滨州市滨城区黄河四路 524 号	256602
菏泽	菏泽市旅游局规划科	菏泽市中华东路 37 号	274102

行业人物

各市旅游局旅游商品工作分管领导

李庶生 男，济南市旅游局副局长，山东长清区人，中共党员，大学学历。1972 年至 1988 年在长清县卫生局工作。1988 年至 1996 年任灵岩寺管委会主任。1996 年至今任济南市旅游局副局长。

杨锡军 男，青岛市旅游局副局长，山东沂水县人，1959 年 2 月生，中共党员，大学本科学历。1978 年 10 月起任青岛市市南区法院法警、审判员。1988 年 5 月起先后任青岛市市南区政府科员、副科长、科长、副主任、调研员。1997 年 3 月起历任青岛市旅游局办公室主任、助理巡视员。2004 年 12 月任青岛市旅游局副局长。

王雪巍 男，淄博市旅游局党组成员、工会主席。淄博市淄川区人，1959年5月生，中共党员，大专学历。1984年至1987年任淄博市煤炭公司团委副书记，1987年至1989年任淄博市煤炭公司团委书记，1989年至1994年淄博市博山区山头镇挂职副镇长，1995年至1999年任淄博市旅游局办公室主任，1999年至今任淄博市旅游局党组成员、工会主席。

张玉邯 男，枣庄市旅游局副局长。山东滕州市人，1955年11月生，中共党员，本科学历。1974年12月参军，在部队历任技师、团政治处主任、团政治委员等职务。1999年9月转业到枣庄市任旅游局副局长，2002年始分管旅游商品工作。

李龙杰 男，东营市旅游局副局长。山东广饶县人，1966年12月生，大学学历。先后历任县中学教师，市科委秘书，市府办秘书、副科级秘书、正科级秘书、信息科科长、财贸科科长。2003年3月任东营市旅游局副局长。

郝传峻 男，烟台市旅游局副局长。山东省蓬莱市人，1952年2月生，中共党员，大学学历。曾在空军地空导弹部队任职，1988年转业至烟台市物价局，1997年任烟台市接待处纪委书记，2000年12月任烟台市旅游局副局长。

温效栋 男，潍坊市旅游局副局长。山东昌邑市人，1955年3月出生，1976年7月参加工作，1984年8月入党，大学文化程度。1976年7月至1978年3月在昌邑县龙池公社西北村担任医生；1978年3月至1980年7月在昌潍农校学习；1980年7月至1984年8月在潍县农机公司任技术员；1984年8月至1987年1月任市农机服务公司秘书；1987年1月至1990年11月任市政府办公室秘书；1990年11月至1993年12月任市政府办公室秘书科副科长；1993年12月至2001年5月任市政府值班室正科级秘书、主任科员；2001年5月至今任潍坊市旅游局副局长。

陈晓霞 女，济宁市旅游局副局长。山东济宁任城区人。1966年2月出生，中共党员，研究生学历。1986年7月至1995年7月，在济宁市市中区仙营街道办事处工作，任团委书记；1995年7月至2001年8月，在济宁市市中区团委工作，历任副书记、书记、党组书记；2001年8月至今，在济宁市旅游局工作，任党组成员，副局长。

单建军 男，泰安市旅游局局长。汉族，山东枣庄市人，1952年8月出生，1968年11月参加工作，1973年10月加入中国共产党，大学本科毕业，主任编辑(副高级职称)。现任泰安市旅游局党组书记、局长。1984以后，曾任山东泰安市委(县级)、泰山区宣传部副部长，泰山区岱庙办事处主任、党委书记，泰山区委常委、宣传部长，泰安电视台台长，泰安文化局出版局党委副书记、副局长，泰山管委、文物局党委副书记、副主任，1999年起担任旅游局党组书记、局长职务。

张清民 男，泰安市旅游局副局长。汉族，山东鄄城县人，1964年12月出生，1986年7月参加工作，1992年5月加入中国共产党，大学文化，现任泰安市旅游局党组成员、副局长。1986年7月毕业于山东经济学院财政金融系财政金融保险专业。先后在菏泽地区计委、物价局、行署办公室、泰安市财政局、国资局、旅游局工作，1998年12月起，任泰安市旅游局副局长。

尹燕鸣 男，泰安市旅游局副局长。汉族，1958年11月出生，1975年11月参加工作，1982年1月加入中国共产党，大学学历，高级政工师，系山东省新泰市人，现任泰安市旅游局党组成员、副局长。1975年11月－1981年9月任新泰市天宝公社公办教师，1981年10月－1984年5月任新泰市天宝公社教育团委书记，1984年6月－1985年12月任新泰市天宝办事处团委书记，1986年1月－1987年1月任共青团新泰市委学校部部长，1987年2月－1992年7月任共青团新泰市委副书记、新泰市少工委主任，1992年8月－1994年8月任新泰市楼德镇党委副书记、镇长，1994年9月－1997年11月任新泰市禹村镇党委书记，1997年12月－1999年3月任新泰市楼德镇党委书记(副县级)，1999年4月－1999年6月任泰安市旅游局副局长，1999年7月－2002年6月援疆，任新疆自治区喀什地区旅游局党组成员、副局长，2002年7月至今任泰安市旅游局党组成员、副局长。

高勤 女，泰安市旅游局副局长。汉族，山东泰安市人，1959年9月出生，1976年10月参加工作，1978年7月加入中国共产党，大专毕业，在职研究生，现任泰安市旅游局党组成员、副局长。1976年10月－1978年6月任平阴县栾湾公社东平洛大队知青队长，1978年6月－1986年10月历任平阴县电影公司放映员、统计员、团委书记(1983.09－1986.07山东广播电视大学泰安分校脱产学习)，1986年10月－1999年1月在泰安市纺织工业局工会、团委工作(1992.07任团委副书记、1997.07任团委书记)，1999年1月－2002年3月任泰安市旅游局办公室主任、纪检组副组长，2002年3月－2005年3月泰安市旅游局党组成员、纪检组组长，2005年3月至今任泰安市旅游局党组成员、副局长。

陶义龙 男，威海市旅游局纪委书记。山东乳山市人，1952年8月生，中共党员，本科学历。1972年1月至1973年1月任乳山市白沙雕镇教师。1973年1月在九十二师政治部参军。1981年11月起先后任乳山市人事局干事、乳山市委组织部办公室主任、乳山市工商行政管理局副局长、乳山市旅游局局长、威海卫大厦书记兼副总。1998年5月任威海市旅游局纪委书记。

孙元庆 男，日照市旅游局副局长。山东日照市人，1964年9月生，中共党员，大学本科学历。

王刚 男，莱芜市旅游局副局长。山东昌邑市人，1963年10月生，中共党员，大专学历。1980年11月起在莱芜市煤炭工业局工作。1995年11月至今在莱芜市旅游局工作。

贾华 男，临沂市旅游局副局长。山东费县人，1958 年7月生，中共党员，大学学历。1975 年 4 月参加工作。1976年11月起在临沂市计划生育委员会历任科员、副科长、科长、纪检组长、副主任。1998年5月至2005 年5月，任临沂市旅游局副局长，2005 年 6 月任临沂市旅游局党组副书记、副局长兼蒙山旅游区管委会办公室副主任、临沂市旅游行业协会副会长。

宋小美 女，德州市旅游局党组书记、局长。1963年5月出生，山东海阳市人，中共党员，研究生学历。1981年7月参加工作，在国旅北京分社任英文翻译。1984年1月至1985年12月，在陵县外资办任资料翻译。1986年1月至1989年7月，在德州农村发展学院任英文讲师。1989年10月至1992年12月，在陵县政府外事办历任秘书、副主任。1993年1月至1994年12月，以全县竞争答辩第一名的成绩任陵县文化旅游局副局长。1995年1月至1998年1月，任陵县外经贸委主任。1998年2月到2002年8月，任德州市外经贸委副主任。2002年9月至2004年10月，任德州市旅游局党组书记。2004年10月至今，任德州市旅游局党组书记、局长。

刘淼 男，聊城市旅游局党组书记、局长。1965年10月出生于山东高唐县，中共党员，博士研究生。1986年起历任聊城大学教务处教研科科员、党委组织部副科长、历史系团总支书记、招生办公室主任、基建处处长。2001年9月至今，任聊城市旅游局党组书记、局长。

第3部分 山东省旅游商品专家委员会（按照姓氏笔画排列）

王雷亭 男，1965年9月出生，山东临邑县人。泰山学院党委委员、副院长，教授。本科毕业于北京师范大学地理学系，研究生毕业于华东师范大学旅游学系。是中国旅游地学与地质公园研究会第五届专业委员会委员、山东省旅游规划专家咨询委员会委员、山东省中青年学术骨干、泰安市与淄博市旅游顾问、泰安市专业技术拔尖人才，兼任北京神州新纪录规划设计研究院副院长。

【工作经历】

1988年7月－1993年8月泰安师专地理系教研室主任

1993年9月－1996年6月华东师大研究生会主席、上海浦东新区经贸局发展产业处旅游规划办公室

1996年7月－1998年1月泰安师专地理旅游系教研室主任、泰山旅游研究所副所长

1998年2月－1999年1月泰安师专地理旅游系副主任、泰山旅游研究所副所长

1999年2月－2000年11月泰安师专地理旅游系主任、泰山旅游研究所所长

2000年12月－2001年11月泰安师专校长助理兼地理旅游系主任、泰山旅游研究所所长

2001年12月－2002年6月泰山学院校长助理兼科研处长、泰山旅游研究所所长

2002年7月－2003年11月泰山学院党委委员、院长助理兼教务处长、泰山旅游研究所所长

2003年12月至今 泰山学院党委委员、副院长、泰山研究院院长、泰山旅游研究所所长

【工作简况】

1、教学工作：先后在泰安师专（泰山学院）、华东师大等担任《旅游开发规划》、《旅游学概论》、《旅游市场营销》、《旅游美学》、《摄影》等专业课程的教学工作。还为山东省森林公园系统等举办30多场次专业报告。

2、学术研究：主要从事旅游规划、旅游项目与市场策划、泰山旅游研究等。自1988年承担第一个旅游规划《河北省三河县旅游总体规划》至今，先后为北京、上海、西藏、浙江、山东等9个省、市、自治区的30多个地区制订旅游规划或旅游市场营销规划。提出了定泰山为“国山”、改“济南／遥墙机场”为“济南／泰山国际机场”、北京什刹海地区再现“水上老北京”等策划方案。主编教材《旅游学概论》（上海交大出版社，2001），出版专著《旅游规划的市场分析》（齐鲁出版社，2003）。正在进行的研究项目主要有山东省社科规划重点项目《泰山－国山研究》、河南桐柏县旅游总体规划等。

【获奖情况】

2000年获山东省科技进步三等奖

2000年被评为泰安市杰出青年

2001年被评为山东省优秀共产党员

2001年获山东省林业厅科技进步一等奖等

王德刚 男，1963年12月生，山东蓬莱市人。现任山东大学管理学院旅游管理系教授，管理学院旅游管理专业研究生导师、历史文化学院旅游文化专业研究生导师，兼任山东省旅游专家咨询委员会委员、山东省星级饭店评审委员会委员、山东省森林资源评价委员、山东省水利风景区评审委员、济南市政府城市规划专家组成员，泰安市、淄博市、枣庄市等政府顾问。

【工作经历】

1984－1999年，山东大学历史文化学院工作，历任助教、讲师、副教授；

1999－至今，山东大学管理学院工作，任旅游管理系教授。

【工作简况】

（一）研究访问

2000年12月，受世界旅游组织邀请访问丹麦、瑞典等北欧国家旅游规划；2001年7月，山东省旅游局派遣考察非洲埃及、南非等国文化、黄金旅游开发项目；2002年3月，山东省旅游局派遣考察泰国普吉岛海岛度假地规划与建设；2003年3月，赴马德里世界旅游组织总部研究旅游规划；2003年12月，山东省政府派遣至巴西、墨西哥、美国考察度假地规划与建设。

（二）主要研究项目

1、参加国家标准《民族、民俗文化旅游规划与建设规范》的起草工作；

2、山东省政府项目，与世界旅游组织合作编制《山东省旅游发展总体规划》，任中方首席专家；

3、山东省政府技术援藏项目《西藏日喀则地区旅游发展总体规划》，被省政府指派任项目组组长；

4、国家计委、西藏自治区大项目办下达项目《珠穆朗玛峰国家自然保护区吉隆藏布峡谷生态旅游规划》，任项目组长；

5、《山东省旅游业十五计划及2015年远景目标纲要》，山

东省政府项目，任第一执笔人；

6、《21世纪初山东旅游业发展重大问题研究》，山东省委、省政府立项特别项目（由当时宋法棠副省长任总组长），任子课题组组长，第一执笔人；

7、《地球遥感技术旅游资源普查（山东省）》，国家计委立项，山东省旅游局组织实施，任组长；

8、《民俗资源开发利用研究》，山东省社会科学规划项目；

9、《山东省民俗旅游发展纲要》，山东省旅游局立项，任课题组组长；

10、《济南市旅游发展战略研究》，国家教委科技立项；

11、《济南市乡村古村落保护与开发研究》，“山东大学服务山东计划”项目，任课题组组长；

12、《济南历史街区保护与开发利用研究》，济南市“十五”重点社科研究项目，任课题组组长；

13、担任枣庄市、聊城市、潍坊市、青州市、诸城市、肥城市及长岛县、昌乐县、苍山县、蒙阴县、莒县等旅游发展总体规划的项目组组长。

（三）出版著作

1、《旅游学概论》，主编，山东大学出版社1995年出版，2004年修订再版；

2、《旅游开发学》，专著，山东大学出版社1998年出版；

3、《旅游资源开发与利用》，主编，山东大学出版社1997年出版，2005年修订再版；

4、《现代旅游区开发与经营管理》，专著，青岛出版社2001年出版；

5、《领导干部旅游知识读本》（合著）第一作者，青岛出版社2001年出版；

6、《迈向21世纪的山东旅游业》（合著）第二作者，山东人民出版社2001年出版；

7、《21世纪旅游业发展战略与经营管理全书》（合著）第三作者，人民日报出版社2002年出版；

8、《山东省文化资源旅游开发研究》，主编，齐鲁书社2004年出版；

9、《经营遗产》，专著，山东大学出版社2005年出版。

（四）发表重要论文

1、《试论旅游学的学科性质》，《旅游学刊》1998年第2期发表，人大复印《旅游经济》全文转载；

2、《略论旅游学的理论体系》，《旅游学刊》1999年第1期发表，人大复印《旅游经济》全文转载；

3、《民俗旅游发展模式研究》，《民俗研究》2003年第1期发表；

4、《艺术的神圣与神圣的艺术》，《民俗研究》2003年第3期发表；

5、《旅游资源与旅游景观》，《旅游论坛》1998年第1期发表；

6、《农业旅游和旅游农业》，《旅游科学》1998年第4期发表；

7、《试论旅游学的研究方法》，《旅游科学》2000年第2期发表，《旅游研究文库》全文转载；

8、《运河旅游再现生机》，《中国旅游报》2000.12.15发表；

9、《山东海滨旅游走向国际市场》，《走向世界》2001年第3期发表；

10、《历史文化资源的旅游开发》，《大众日报》1999.11.4发表；

11、《走向国际化的烟台海滨旅游》，《大众日报》2001.9.12发表；

12、《中国旅游学研究探源》，《桂林旅专学报》1999年第1期发表；

13、《论旅游文化的概念和内涵》，《桂林旅专学报》1999年第4期发表；

14、《日喀则旅游发展模式研究》，《旅游科学》2003年第3期发表；

15、《喜马拉雅山吉隆藏布峡谷生态旅游开发研究》，《经济地理》2004年专刊发表；

16、《Research and Evaluation on Eco-tourism Resources of Jilong Valley Of Everest National Nature Reserve》，《ECOLOGICAL ECONOMY》，No1，2005。

17、《传统民间游戏的源流、价值和保护》，《齐鲁学刊》2005年第3期发表；

18、《我国民俗旅游商品需求特征分析与创新开发路径》，《山东财政学院学报》，2006年第2期发表。

方百寿　男，1967年10月生，安徽桐城市人。中国海洋大学教授，博士，旅游学系副主任，休闲文化管理方向硕士生导师。

【工作经历】

1998年7月－2002年3月　任教于华侨大学旅游系，

2002年3月至今　任教于中国海洋大学旅游学系。

【工作简况】

主要从事旅游文化、旅游商品学和休闲学研究。

已主编译著“世界旅行家手记”一套五种，出版《旅游商品学》（2005）教材一种，发表《中国旅游商品研究》等相关论文10余篇。

先后参与和主持《福建惠安县旅游发展规划》、《青岛李沧区旅游发展规划》、《青岛海洋旅游功能规划》等横向规划10余项。

参加第二届山东省旅游商品创新设计大赛的评选工作，参加六真店建设研讨会，对六真店管理办法、旅游商品口袋书设计和内容等提出过建设性的建议。

正在进行的研究课题有山东省教育厅项目《山东海洋旅游管理》、中国海洋大学科研项目《旅游与可持续发展：海洋旅游的视角》、横向项目《青岛李沧卧狼山生态旅游规划》等。

方益鸣 男，籍贯浙江宁波市，1957年8月出生于山东省枣庄市，山东理工大学美术学院陶艺教研室主任，副教授。兼任山东陶艺委员会副主任、山东设计协会陶艺委员会副主任、淄博民间艺术协会理事。山东陶艺大师。

【工作经历】

1973年10月－1976年12月 在枣庄陶瓷厂从事陶瓷美术

1976年12月－1978年7月 在中央工艺美术学院陶瓷系进修学习

1978年8月－1979年8月 在枣庄陶瓷厂从事陶瓷设计

1979年8月－1981年8月 入中央工艺美术学院陶瓷系学习陶瓷造型

1981年8月－1986年8月 在山东轻工美术学校从事教学

1986年8月－1988年8月 在无锡轻工业学院学习工业设计，获学士学位

1988年8月－2001年10月 在山东轻工美术学校从事教学

2001年10月至今 在山东理工大学美术学院任教

【工作简况】

2001年陶艺作品《绿色奥运》参加中国美协首届陶艺展

2004年陶艺作品《花》参加中国美协第二次陶艺展

2003年陶艺作品《春夏秋冬》参加全国陶协陶瓷设计展

2000年陶艺作品《油滴天目罐》等四件作品参加中国清华大学国际陶艺交流展并出版

1999年《雨点釉盘》参加建国50周年全国陶艺精品展，被中国工艺美术馆收藏为珍品并出版

2005年山东陶瓷艺术大师作品集出版了十件陶艺作品

近期正在进行山东文化厅陶瓷名釉的课题研究

石美玉 女，北京联合大学旅游学院休闲与旅游管理系，副主任。吉林延吉市人，1972年8月16日生，博士。

【工作经历】

1997年至今，北京联合大学旅游学院休闲与旅游管理系，教学副主任。

2004年－2006年，在中国人民大学博士后流动站进行科研工作。

【工作简况】

主要学术成绩

曾在《旅游学刊》、《旅游绿皮书》、《中国旅游报》、《思想战线》等国内外学术刊物上发表过《不完全信息市场中的出境旅游》、《中国旅游购物的现状与展望》（合作）、《韩国旅华客源市场现状及开发研究》、《关于旅游购物研究的理论思考》等十多篇学术论文，出版了《旅游购物研究》一部学术著作，参与中国国家旅游局《中国旅游业“十一五”特定领域人才开发规划》、《北京的都市化休闲方式与休闲产业结构分析及相关研究》、《山西省临汾市旅游发展总体规划》、《葫芦岛市商业网点规划》、《北京（国内）休闲旅游高端市场调研》等国家级、市级课题，参与《旅游经济、产业与政策》、《旅游市场营销》等教材的编写。

参与旅游商品情况

长期以来，一直关注中国旅游商品、旅游购物的发展，专门进行旅游购物、旅游商品的理论研究，在此基础上已经在国内核心期刊上发表了系列研究成果，并已出版了一部专门研究中国旅游购物的学术著作。2006年，受国家旅游局邀请，参与了我国旅游商品专题调研，对我国旅游商品的发展做出了较多的贡献。

叶涛 男，1963年10月生。山东费县人。现任山东大学民俗学研究所教授、所长，《民俗研究》杂志主编。兼任中国民俗学会副理事长、中国民俗文学学会常务理事、山东省民俗学会副会长兼秘书长、山东省民间文艺家协会副主席、山东省社会科学界联合会委员、山东省旅游建设专家咨询委员会委员。

【工作经历】
1984年毕业于山东大学中文系，留校任教至今，历任助教、讲师、副教授、教授。2001至2004年在北京师范大学师从钟敬文教授、刘魁立教授攻读民俗学专业博士学位，获得法学（民俗学）博士学位。
【工作简况】
主要从事民俗学和中国民间文学的教学和科研工作。出版相关学术著作10余部，公开发表学术论文40余篇。现承担省部级科研课题两项，主持多项学校和社会合作课题。

刘和山　男，1966年8月生，山东龙口市人，山东大学设计艺术系主任、现代工业设计研究所所长、设计艺术学硕士点负责人。
【工作经历】
1989年7月－2000年7月
山东工业大学教师
2000年7月至今
山东大学教师
【工作简况】
多年来一直从事产品设计的教学与科研工作。先后参加国家、省部级课题十余项，其中获山东省科技进步奖、山东省优秀软科学成果奖4项，完成各类产品设计50余项，出版专著1部，教材4部，完成科技论文20余篇。

吴永福　男，山东工艺美术学院现代手工艺术学院院长、副教授、硕士生导师，1956年2月生于山东荣成市，民革党员，山东美术家协会理事，山东漫画家协会副主席，中国工艺美术学会纤维艺术委员会常务委员，中国工艺美术学会玻璃艺术委员会常务理事，山东画院高级画师。
【工作经历】
1980年毕业于山东工艺美术学院；2001年结业于东南大学研究生课程进修班；1993年任山东工艺美术学院染织服装系副主任；1998年任山东工艺美术学院艺术设计系副主任；2000年任山东工艺美术学院工艺美术系主任；2003年至今任山东工艺美术学院现代手工艺术学院院长。
【工作简况】
作品在全国各大报刊杂志发表千余幅，并多次获奖。作品《我要金的》入选八届全国美展；《和》入选十届全国美展；《无题》入选国际纤维艺术双年展并获特别奖；《家园》、《律动》入选首届中国现代工艺美术大展；《江南春色》获香港大型艺术展特别金奖；《不得法》、《一鸟多巢》分别获全国漫画大赛银奖；《回归图》被香港冀鲁同乡会收藏；《济南名胜》被韩国水原市政府收藏。1991年、1996年、2001年、2004年成功举办了《吴永福画展》，多家电视台、报刊、杂志分别作了专题介绍，作品多幅被美国、日本、加拿大、法国、意大利、韩国、香港等友人收藏。并出版有《吴永福画集》、《吴永福现代绘画集》、《吴永福漫画集》、《报刊题图集》、《海岛风情装饰画集》等。2005年作品《墨竹》入选中国电影百年书画大展并且获得大展最佳作品奖。

吴军　男，出生于1963年1月，山东济南市人。现任教于山东工艺美术学院。
【工作经历】
1978－1984年，在济南军区前卫歌舞团担任舞台美术设计工作；
1984－1988年，毕业于江西景德镇陶瓷学院美术系，获文学学士学位；
1988年至今，在山东工艺美术学院任教。
【工作简况】
1988年毕业于江西景德镇陶瓷学院美术系，获文学学士学位。现任教于山东工艺美术学院。长期致力于工艺美术旅游产品的教学和研制开发。经过多年努力，已建立起了完整的产、学、研教学基地。个人及辅导学生作品多次在各类大赛及展览中获奖。
2004年《秦琼敬德门神》入选首届中国旅游工艺品学术论坛暨作品展。
2004年《黄河儿女》壁画入选第十届全国美展。
2004年《年画雕版》系列入选首届中国现代工艺美术展。
2004年《黄河儿女》壁画获建国55周年山东省美术作品展银奖。
2003年《彩色雕版年画的制作工艺》获国家发明专利。
2004年《角》获建国50周年山东省美术作品展优秀奖。
2003年《家—从传统到现代》2003上海美术大展入选。
2003年《黄河儿女》入选全国壁画展。
2003年山东省教育成就展优秀设计奖。
2003年《年画雕版》系列获济南国际旅游交易会优秀旅游产品奖。
2003年《年画雕版》系列获首届山东省旅游商品创新设计大赛银奖。

张伟 男，1963年4月生于济南，中共党员。现任山东轻工业学院艺术设计学院副院长、教授、硕士生导师。兼任中国建筑学会室内设计分会理事、中国广告协会学术委员会委员、中国包装技术协会设计委员会委员、中国工艺美术学会展示设计委员会常务理事、山东省勘查设计协会装饰设计专业委员会副理事长、中国建筑学会室内设计分会山东分会副会长。

【工作经历】

1982.7－1989.9 在济南瓷用花纸厂工作，任美术设计室主任。

1989.9至今 在山东轻工业学院工作，任艺术设计学院副院长、教授、硕士生导师。山东省艺术科学重点学科"设计艺术学"学科带头人。

【工作简况】

一、已完成的主要项目：

1982年：装饰画《夸父追日》，入选山东省美术作品展览。

1983年：

(1) 陶瓷装饰《田野之风》系列，获轻工部陶瓷评比二等奖；

(2)《系列唱片封套》，获山东省包装评比一等奖。

1984年：陶瓷装饰《渔乡》系列，获山东省陶瓷评比一等奖。

1988年：

(1) 创作首届全国城市运动会吉祥物"红苹果"及十二个比赛项目的吉祥物应用设计。

(2) 创作首届全国城市运动会主招贴。

1993年：创作山东省老干部活动中心大型陶瓷壁画《泰山》。

1995年：创作济南空军招待所大型丙烯壁画《齐鲁古代名仕图》。

1999年：总创意设计由国家计委、中宣部、国家经贸委、财政部、国家统计局、北京市委市政府联合在北京举办"'光辉的历程—庆祝建国50周年成就展览'山东展区"，获全国最佳设计、制作奖。

1999年：创意总设计由中宣部、团中央、科技部、北京市委市政府联合举办"庆祝建国50周年首都群众游行山东彩车－海上明珠"，获全国十佳奖。

2001年：完成省级教研项目"高等院校培养人才的素质要求与培养模式的研究与改革实践"，获山东省优秀教学成果一等奖（山东省教育厅）。

2002年：创意总设计由国家发改委、科技部、农业部、国家统计局联合在北京举办"中国农产品深加工－食品工业成果展山东展区"，获全国最佳设计、施工奖。

2004年：

(1) 总创意设计由国家发改委、农业部、科技部、国家统计局、北京市政府联合在北京举办"庆祝建国55周年成就展览山东展区－千帆竞发 百舸争流"，获全国最佳设计、制作奖；

(2) 主持国家级软课题"中国名牌产品形象战略研究"，通过国家科技部验收。

2005年：

(1) 总创意设计由全国妇联、外交部共同举办"纪念世界妇女大会在北京召开十周年－中国妇女十年发展成就展山东展区"，获优秀设计、施工奖；

(2) 主持教研项目"产学研合作教育（艺术设计方面）"，获山东省优秀教学成果三等奖（山东省教育厅）。

工作以来，出版专著《POP与DM广告》、《画法几何与工程制图》、《展示设计基础》等三部；在《装饰》、《中国包装》、《艺术教育》等刊物发表学术论文《广告文案与广告设计》、《数值比例与版式设计》、《建筑装饰工程招投标活动之我见》、《户外照明与城市形象》等三十余篇；完成"济南市经十路户外广告规划"等应用项目多项。

二、正在研究的项目：

(1)"山东省'十一五'会展经济发展对策"（山东省发改委："山东省'十一五'发展规划"项目子课题）

(2)"山东省会展现状调查及发展对策研究"（山东省科技厅项目）

(3)"山东省户外广告与城市建筑现状调查与发展对策"（山东省文化厅项目）

三、荣誉称号

2003年：获"中国设计之星"荣誉称号（中国包装技术协会）

2004年：获"山东建筑装饰设计之星"称号（山东省建设厅、山东建筑装饰协会）

2004年：荣立三等功（山东省人事厅、山东省发改委）

2005年：入选"2005中国设计业青年百人榜"（共青团中央、全国青联、中国光华科技基金会、光华龙腾设计专项基金）

张纪群 男，山东大学品牌推广研究室主任，讲师。蒙阴县人，生于1972年5月，硕士学历。

【工作经历】

1995年，本科毕业于山东轻工业学院，装潢专业。

2002年，研究生毕业于无锡轻工（今江南大学）设计学院，到山东大学工业设计系任教至今。

【工作简况】

一、主要学术成绩

油画作品：《黑玫瑰》、《三缺一》分别入选八届美展和第一届中国油画展

《品牌情感》、《广告的诉求形式》等多篇论文发表于A类及B类

核心刊物

二、参与旅游商品工作

2003起，多次参加泰安、淄博等部分地市旅游商品开发研讨工作和旅游商品大赛评审工作。

2003年，担任首届山东省旅游商品大赛专家评委。

2004年，成功组织编修《山东省旅游商品开发规划》。

2005年1月，担任第二届山东省旅游商品大赛专家评委。

2005年12月，担任第三届山东省旅游商品大赛专家评委。

耿大海　男，山东工艺美术学院现代手工艺术学院副教授，陶瓷艺术教研室主任，1960年生于山东济南，中共党员，山东美术家协会会员；中国工艺美术学会琉璃专业委员会理事；中国工艺美术家协会会员；中国工业设计协会会员；中国工艺美术学会雕塑委员会会员；山东雕塑协会会员。

【工作经历】

1988年6月毕业于景德镇陶瓷学院美术系雕型专业；

1990年12月至1992年12月在中国美术家协会韩美林工作室进修；

2005年6月赴韩国南首尔大学讲学。

【工作简况】

1989年12月作品《羊罐》《陶钵》在北京参加中国第一届工艺美术展；1991年12月黑陶《陶钵》发表于中国工艺美术馆馆藏珍品大型画册；1995年6月黑陶《陶钵》被中国工艺美术馆收藏，并被定为中国工艺美术珍品；1996年5月作品《梅瓶》、《五福捧寿》参加中国宜兴博物馆"第五届宜兴国际陶艺展"；2000年主编《陶艺设计与制作》，由广西美术出版社出版，全国发行；2002年5月在山东工艺美术学院美术馆举办了《耿大海陶艺展》展出作品二百余件；近年来陶艺作品多次入选国内外美术展览会；2005年编著《现代陶艺》，由山东美术出版社出版，全国发行。

苘茂兰　女，山东大学管理学院旅游管理系副教授，旅游管理研究生导师，经济学硕士。生于1963年3月；山东威海市人。

【工作经历】

1986年本科毕业于山东大学经济学院，1989年在山东大学经济学院攻读经济学硕士学位，1991年毕业获经济学硕士学位，并在山东大学任教至今。

【工作简况】

现从事经济学、旅游产业经济、旅游市场开发、旅游商品开发等方向的教学和研究。

近年来主要研究成果：

一、教材著作

主编《旅行社经营管理》，参编《旅游资源开发与利用》、《入世—融入世界经济的新起点》、《台湾经济研究》等多部教材和著作编写。

二、项目研究

参与《山东生态省建设金融投资项目研究》、《山东省流通业物流再造对策研究 》、《跨国公司R&D创新战略及其对山东企业的启示》、《旅游促进欠发达地区经济发展研究》、《乡村旅游发展研究》、《济南历史街区开发利用研究》等项目的研究。作为重要成员参与2004年的《山东省旅游商品开发规划》研讨和编制工作。此外，先后参加省内多地旅游规划的编制工作。

三、论文

在《文史哲》、《山东大学学报》、《理论探讨》、《计划与市场》等刊物发表论文《导游回扣问题探析》、《中国旅游商品开发存在的问题及对策》、《中国风景名胜区市场化经营探析》、《企业发展网络营销问题的探讨》、《旅游目的地营销组织构建》、《对山东旅游商品开发的思考》、《CS对CI的超越与挑战》、《对现代企业制度的探索》等十余篇。先后3次参加了中韩国际旅游学术大会。

第4部分 山东省民间手工艺制作大师

首届山东省民间手工艺制作大师评选

“首届山东省民间手工艺制作大师评选”是山东省旅游局为了展示我省旅游商品的深厚文化底蕴和鲜明区域特色，促进我省民间传统手工艺术的继承与发展，服务旅游购物而推出的活动。活动对保护非物质历史文化遗产、深入挖掘民间传统工艺和开发民俗旅游资源有着重要的意义。本次评选共分为8个主题：木板年画、风筝、剪纸、面塑、刻瓷、布玩具、烙画、黑陶工艺。

活动由山东省旅游商品开发服务中心、齐鲁电视台、山东省民间文艺家协会联合承办，自2005年8月29日正式开始到2005年9月22日报名截止，共有72人报名参赛。2005年9月23日，山东省旅游商品开发服务中心组织专家，对参赛者进行了初评，24名参赛者进入复赛。复赛采取了电视评选与现场评选相结合的方式，分两阶段进行。第一阶段，在齐鲁电视台《每日新闻》栏目中播出入围复赛参选者的资料和工艺展示，观众通过发送短信参与评选，受到社会的广泛关注，投票反映热烈；第二阶段，入围复赛参选者在第三届山东省旅游商品创新设计大赛作品展示现场做现场展示，同时专家评委进行现场评选。现场展示期间，有五万市民参观工艺师表演的绝活和纯正民间手工技艺。

最终，有10位参赛者获得“山东省民间手工艺制作大师”称号，4位获“山东省民间手工艺制作艺术家”称号。评选结果在第三届山东省旅游商品创新设计大赛颁奖典礼上揭晓，由省人大副主任曹学成、副省长孙守璞、省政协副主席乔延春、原省人大主任李振、原省人大副主任苗枫林、原省人大副主任郭长才、原省长助理孙光远等领导现场颁发了奖牌。

张殿英 男，1936年农历8月18日生于山东省安丘县小杨戈庄村。现任中国木版年画出版研究会副理事长。高级工艺美术师，1996年联合国教科文组织授予“一级民间工艺美术家”称号。1958年从山师分配到潍坊做中学美术教师后开始投入《潍县年画》的改革。五十年来无怨无悔，默默耕耘。先后发表专著《杨家埠木版年画》（1990年9月人民美术出版社出版）、文章《山东潍坊杨家埠木版年画》（1988年《人民日报》海外版）和《潍坊杨家埠木版年画的艺术特色》（收录于《中国民间美术全集》）。退休后，不忍看到木版年画“人亡艺绝”，带领儿子张运祥到青云山民俗游乐园创办年画馆，选拔培养一班年青人，以“木版年画靠我们传承而发展，我们靠木版年画出新而生存”为宗旨，奋战5年，推出“保护木版年画三大件”，获得国际广泛的关注。目前，青云山年画馆在省级以上艺术展中荣获金、银奖等十五个奖项。2004年6月，“保护木版年画三大件”在北京“首届中国民间艺术品博览会”上，荣获中国民间文艺最高奖“山花奖”金奖。《美术》（2005.2总446期）发表了《关注本民族的民间艺术－访潍县木版年画专家张殿英先生》。木版年画代表作：《风筝都之春》、《杨家埠民艺图志》年画长卷《农家乐》。在首届山东省民间手工艺制作大师评选中获“山东省民间手工艺制作大师（木版年画类）”称号。

保护木板年画三大件－《山东潍县年画》
保护木板年画三大件－年画工具百宝箱
保护木板年画三大件－《农家乐》

于福堂 男，汉族，1951年出生，潍坊市寒亭区人，中国书画函授大学国画系毕业。现为中国工艺美术家协会会员、中国民间文艺家协会会员、国家美术师、专业工艺美术大师。历任杨家埠木版年画社雕版室主任、副社长、社长。多次应邀参加国内外大型艺术精品博览会，积极推动年画传统艺术的传播，受到高度赞誉。曾在艺术界学术会议上发表论文《杨家埠木版年画的雕版艺术与技巧》、《浅谈杨家埠木版年画应与时代同步发展》、《浅淡民间木版年画与时代同步发展》。1996年受中国对外友好协会之托为《中国民间木版年画世界巡回展》写序言。参与编撰《杨家埠木版年画全集》（北京西苑出版社出版）、《山东省木版年画》（日本山口县出版）、《潍坊孤本年画》（山东画报社出版）、《潍坊年画序集》、《中国木版年画卷》（北京西苑出版社出版、山东画报社出版），个人事迹被编入《潍坊美术名人录》、《中国民间名人录》、《中国专家人才库》等大型丛书。1998年8月应邀参加"首届中国国际民间艺术博览会"，作品《秦琼敬德图》获民间年画雕版金奖，《文殊、普贤菩萨像》获年画雕版金奖。作品《福禄寿》雕版被上海美术学院收藏。作品《四大天王像》雕版被菲律宾国家博物馆收藏。在首届山东省民间手工艺制作大师评选中获"山东省民间手工艺制作大师（木版年画类）"称号。

何晓铮 男，山东济南市人，1942年1月生，现任中国民间文艺家协会会员、山东面塑艺术学会会长、西方艺术家协会(纽约)民艺委员会常务理事、北京民间文艺家协会会员、中国文化部中国诗酒文化协会诗书画院顾问、何晓铮面塑工作室(中国面塑大全)编辑、主笔、中国杂志社编委。1958年师从雕塑家王昭善先生(原山东雕塑家协会主席)，同年亦师从近代面塑表演艺术家李俊兴先生学习面塑及民俗民艺，1959年秋在济南燕喜堂饭庄磕头拜师成为李俊兴先生的关门弟子。其面塑秉承了老师及山东面塑的出手快，造型生动，用色艳而不俗的传统特色。研究了面塑不霉不裂的配方，在面塑形体上可以做一般大小的，也可以做微型核桃面人，也可做超大面塑。作品曾入选第十一届北京亚运会大型主题交流展览；面塑"萨马兰奇肖像"被北京奥组委收藏。2002年5月获首届中国民俗艺术节面塑金奖。在首届山东省民间手工艺制作大师评选中获"山东省民间手工艺制作大师（面塑类）"称号。

董凤岐 女，1940年生于北京，师承我国面塑大师汤子博先生，1963年毕业于中央工艺美术学院面塑专业。现为山东工艺美术学院副教授，高级工艺美术师。其面塑作品不仅继承和发展了汤派面塑的传统特色，而且融合了现代艺术的精华，从而树立了独特的艺术风格，表现了时代的精神风貌。她捏塑人物技巧纯熟、刻画细腻、敷色华丽、结构准确，且制作过程干净利落。尤其擅长塑造古典美女，如红楼梦人物、洛神、嫦娥奔月等，这些人物通俗而不媚俗，富丽而不失典雅，既有传统绘画的风采神韵，又有面塑艺术的独特魅力。她的另一绝技是捏塑高仅1-2厘米的微型人物造型，置于挖空的核桃内，俗称"核桃面人"。主要作品有八仙过海、十八罗汉、观音菩萨、佛像等。作品曾获法国博览会金奖，国庆50周年山东省金奖及世界烹饪大赛银奖。在首届山东省民间手工艺制作大师评选中获"山东省民间手工艺制作大师（面塑类）"称号。

罗晓东 男，山东莱州人，1943年10月生，在山东华光陶瓷集团公司（已退休）从事刻瓷艺术制作近30年。1983年以来，先后荣获山东省陶瓷评比一等奖五次，二等奖五次；1997年江泽民主席出访美国，为美国总统克林顿夫妇和副总统戈尔夫妇刻制瓷盘肖像，受到国家外交部和受礼人的赞赏，外交部为其颁发了荣誉证书。2002年"花釉刻瓷"系列获全国第七届陶瓷艺术创新评比优秀奖；2002年"双鱼图"获淄博第二届文学艺术奖；2004年"秋韵图"获全国第五届工艺美术大师精品展铜奖。2005年"白鹰图"获中国电影百年书画大展佳作奖。在首届山东省民间手工艺制作大师评选中获"山东省民间手工艺制作大师（刻瓷类）"称号。

单孟渤 男，1949年生于山东济南市。自幼酷爱美术、绘画、雕刻，尤其着迷于人物素描。成年以后，爱好更加广泛，如摄影、书法、篆刻等，从未中断对艺术的爱好和追求。虽然从未进过艺术院校经过专业训练，所从事的本职工作也与艺术无缘，但长年对艺术的执著追求却从未间断。自一九九二年，开始着迷于刻瓷艺术，几乎所有的业余时间都用在对刻瓷艺术的孜孜以求上。经过几年的刻苦钻研、悉心摸索，在中国传统刻瓷艺术的基础上大胆创新，充分发挥自己素描和摄影的艺术功底，将素描、摄影与雕刻融为一体，形成了自己独特的刻瓷艺术风格。尤擅在黑盘上刻人物肖像，多件刻瓷艺术作品被中外名人收藏。在首届山东省民间手工艺制作大师评选中获"山东省民间手工艺制作艺术家（刻瓷类）"称号。

谭以贤 男，中共党员，山东潍坊市人，1954年3月生。潍坊市工艺美术协会会员。毕业后，历任村两委委员。在工作中，善于观察，勤于动脑，利用民间一种非常普通的蔬菜—"葫芦"为原料，创作出形态各异的葫芦工艺。作品在历届潍坊国际风筝会旅游商品展销会期间，备受国内外友人的喜爱。作品在2005年潍坊市工艺美术设计大奖赛中荣获优秀设计奖，被国际风联指定为民间艺术创新精品(专利号为1018)。2005年，在杭州西湖博览会第六届中国工艺美术大师作品暨工艺美术精品博览会上，获得2005年"百花杯"中国工艺美术精品优秀作品奖。在首届山东省民间手工艺制作大师评选中获"山东省民间手工艺制作大师（烙画类）"称号。

李京宝 男，山东淄博市人，1951年11月生，博山水泥厂科长，已退休，从事葫芦烙画手工艺制作。李京宝自幼酷爱美术绘画，在单位一直负责工会宣传工作，多次参加同行业市、区职工美术绘画展览，并多次获奖。自1990年萌发了在葫芦上烙画的设想，根据不同形态的葫芦，设计出适合的画面，经过几年来的努力和多方面的考察学习，烙画技术日益精湛，得到广大葫芦爱好者的喜爱。在首届山东省民间手工艺制作大师评选中获"山东省民间手工艺制作艺术家（烙画类）"称号。

管依鸿 男，山东滨州市人，1960年1月生。其作品管氏棉絮鸡系列是祖传的传统民间工艺，用农村常见的棉花、秫秸、鸡毛、豆粒等材料制作而成。大红大绿的色块，形象生动、惟妙惟肖的艺术造型，深受人们喜爱。曾在2005年全国工艺作品评奖中获二等奖。在首届山东省民间手工艺制作大师评选中获“山东省民间手工艺制作艺术家（布玩具类）”称号。

解祥芳 女，自幼酷爱艺术，爱好剪纸、绘画等。70年代其创作的布娃娃至今仍有人收藏。其作品枕头、鞋垫、布老虎、花荷包等形象逼真、活灵活现，惹人喜爱，被临沂市旅游局评为“智圣杯”首届临沂市旅游商品大赛银奖。在首届山东省民间手工艺制作大师评选中获“山东省民间手工艺制作艺术家（布玩具类）”称号。

林化强 男，山东临沂市人，出生于1963年，中专学历。新中国剪纸艺术家，铁道部“火车头”艺术家，山东省“剪纸大师”，中华民族文化促进会剪纸艺术委员会理事，临沂市“十佳民间艺人”，中国工艺美术学会会员，山东省民间文艺家协会会员，山东省民俗学会会员。历年来，作品频见于人民日报等各级报刊上。《山东民俗研究》、《山东剪纸》做过专题介绍，曾获中国（黑龙江）第四届剪纸艺术节银奖、得艺双馨奖、中国（威海）民俗风情剪纸大展铜奖、山东省中外艺术品交流展金奖、山东省民间文艺奖、中国青岛第十二届国际啤酒节民俗风情博览会金奖、中国（黑龙江）第五届剪纸艺术节金奖，并被授予“新中国剪纸艺术家”称号，2004年第七届中国艺术节温州剪纸博览会金奖，2005年获齐齐哈尔“仙鹤杯”全国剪纸大展特别贡献奖，2005年武汉黄鹤楼剪纸大赛金奖。曾为中央电视台建台45周年创作作品，“十五名嘴”被中央电视台收藏。携作品“松龄鹤寿”参加2001年在人民大会堂召开的敬老座谈会并受到中央领导的好评，并被光明日报社收藏。2001年在临沂科技展览馆举办个人展览，2003年在哈尔滨举办个人展览，2005年9月《沂蒙红嫂》、《福禄寿禧》在韩国汉城展览，2005年被铁道部授予铁道部“火车头艺术家”称号。2005年12月被山东省政府授予“山东省民间手工艺剪纸大师”称号。2006年元旦被临沂市政府授予“十佳民间艺人”称号。为“朱老大饺子村”、“天天过年”等创作的剪纸作品获5项国家专利，并装饰全国30余家分店，中央电视台、省电视台做过现场采访和报道，市县电视台和报社作过专题采访和报道。在首届山东省民间手工艺制作大师评选中获“山东省民间手工艺制作大师（剪纸类）”称号。

罗长福 男，山东蒙阴县人，1975年4月出生于吉林省舒兰市。从小自学中国传统绘画艺术，并且在艺术方面天赋过人。1993年随父母迁回老家蒙阴县，受母亲影响开始钻研剪纸艺术。1998年因风湿关节炎反复发作致残。从此开始职业剪纸创作，对中国剪纸艺术的历史、起源、发展、流派和理论技法都作过深度研究，并稍有心得。自2000年开始参加了多次省、市及全国性艺术大赛和展览，多次获得金奖等奖项，作品刊载在《当代中国剪纸艺术》等刊物中。多年来，一直抱着病残之躯为中国剪纸艺术的弘扬与发展作着积极的努力。山东省、临沂市各级电视台和报纸多次作过专题报道。现为中华民族文化促进会剪纸艺术委员会委员，山东省民间文艺家协会会员，北京诗联书画院艺术研究员，青岛（中国）剪纸艺术馆艺术研究员、创作部副主任，青岛胶州湾书画院画师。2005年在蒙阴县城建立了罗长福（山东蒙阴）剪纸艺术工作室。曾获奖项：青岛“胶州湾杯”中国剪纸艺术大展（全国）“水浒人物”获金奖；论文《剪纸浅晰》获论文组一等奖；临沂市第一届、第二届民间艺术节“马上封候”、“羲之牧鹅”蝉联一等奖；齐齐哈尔市“仙鹤杯”中国剪纸艺术大展“女孩与丹顶鹤”获优秀作品奖；临沂市首届智圣杯旅游商品大赛“孔明故事”获银奖；北京纪念抗日战争胜利六十周年翰墨典藏展“民族英雄杨靖宇”、“不屈长城”两件作品获金奖；山东省民间剪纸艺术展“钟馗脸谱”获铜奖；“远古母亲”入选本届山东省民间剪纸艺术大展优秀作品展；“怀念我们的总设计师”、“春风唤醒神龙飞”入选深圳特区成立25周年全国书画名家作品展。在首届山东省民间手工艺制作大师评选中获“山东省民间手工艺制作大师（剪纸类）”称号。

王宪利 男，德州市人，1963年出生。中国工艺美术学会会员。1979年起从事黑陶研究制作；1983年创建德州工艺美陶研究所；1984年时任中共中央总书记的胡耀邦同志观看了王宪利亲手设计制作的黑陶，给予了很高的评价；1985年辞去所长职务，改任技术所长，主管产品开发、设计、生产及技术人员的培训；1986年作品以“德州黑陶”之名在上海工艺美术研究所展出，同年作品荣获山东省第一届旅游纪念品有奖设计制作大赛二等奖；1987年十五件作品被中国民间美术博物馆收藏，同年获得第二十届全国旅游产品交易会大会表扬奖及山东省工艺美术百花奖；1988年获法国巴黎第八十届国际科技发明博览会银奖，同年加入中国工艺美术学会，晋升为工艺美术师；1990年作品被人民大会堂收藏；1992年业绩载入中国民间名人录；1993年外出深造；1994年无釉“开片陶”“开片玛瑙陶”“彩云陶”“古铜陶”研制成功；2002年获首届中国旅游纪念品设计大赛优秀奖；2003年中国新闻社以“北陶”代表人物为标题在山东新闻网进行了专题报导，山东电视台在“新经济时空”节目播出；2004年美术报作了专题报导；2005年获山东陶瓷精品大赛一等奖，中青年首届陶瓷艺术品创新大赛一等奖，同时被吸收为省陶瓷协会会员、陶瓷艺术专业委员会委员；2005年12月获山东省第三届旅游产品设计创新大赛金奖，在首届山东省民间手工艺制作大师评选中获“山东省民间手工艺制作大师（黑陶类）”称号。

庄国锋 男，汉族，1958年出生，大专学历，山东莒县人。现任临沂市兰山区旅游局副局长。1974年参加工作，1976年调日照县公安局边防派出所工作，1979年，与黑陶艺术家王炳山跟随中国著名雕塑家仇志海老师学习研究雕塑、黑陶制作与烧制艺术，直到1993年，转业回到家乡临沂。1994年5月，创办了“临沂市博艺斋”、“黑陶工艺研究室”、“黑陶烧制车间”，专门从事黑陶艺术的创作与烧制，主要分为文物复制品、雕塑作品、工艺品等类。这些作品不仅能与四千多年前龙山文化的经典陶类相媲美，而且又在制坯、铸浆、上光、造型等方面有了创新与提高，在保留传统工艺的基础上，使黑陶真正达到了高境界，同时将自己的产品推出国门，远销世界各地。许多产品作为珍贵的艺术品，被国内外博物馆、艺术家、黑陶爱好者竞相收藏。在首届山东省民间手工艺制作大师评选中获“山东省民间手工艺制作大师（黑陶类）”称号。2006年元月在临沂被评为“临沂市十大民间艺人”。艺术心语：“土为生命之母，陶为艺术之源，黑为百色之尊，火为变化之成，人为交融之永恒”。

第5部分 山东省旅游商品创新设计大赛

首届山东省旅游商品创新设计大赛

(2003年7月—2004年1月)

山东省首届旅游商品创新设计大赛由山东省旅游局主办，山东省旅游商品开发服务中心、山东大学工业设计系承办，青州烟草公司协办，于2003年7月至2004年1月在济南举办。大赛以“浓郁的山东特色，厚重的齐鲁文化”为主题，来自全国11个省、市的设计者报名参赛。大赛共征集作品482件，分为工艺品、土特产品、旅游用品三大类。评出金奖1个，银奖3个，优秀奖10个，最佳人气奖1个，入围奖35个，优秀组织奖11个。同济大学传播与艺术学院院长林家阳教授、山东工艺美术学院院长潘鲁生教授、安徽省旅游协会副会长刘祖翼先生、山东大学工业设计研究所讲师张纪群先生、原中国工艺美术协会副理事长翁明星先生参加了此次评审。

优秀组织奖名单

烟台市旅游局

淄博市旅游局

泰安市旅游局

济宁市旅游局

曲阜市旅游局

枣庄市旅游局

日照市旅游局

博良纳（山东）艺术有限公司

山东省鸿城工艺礼品公司

中国陶瓷工业协会黑陶研究所

山东省招远市金王电器有限公司

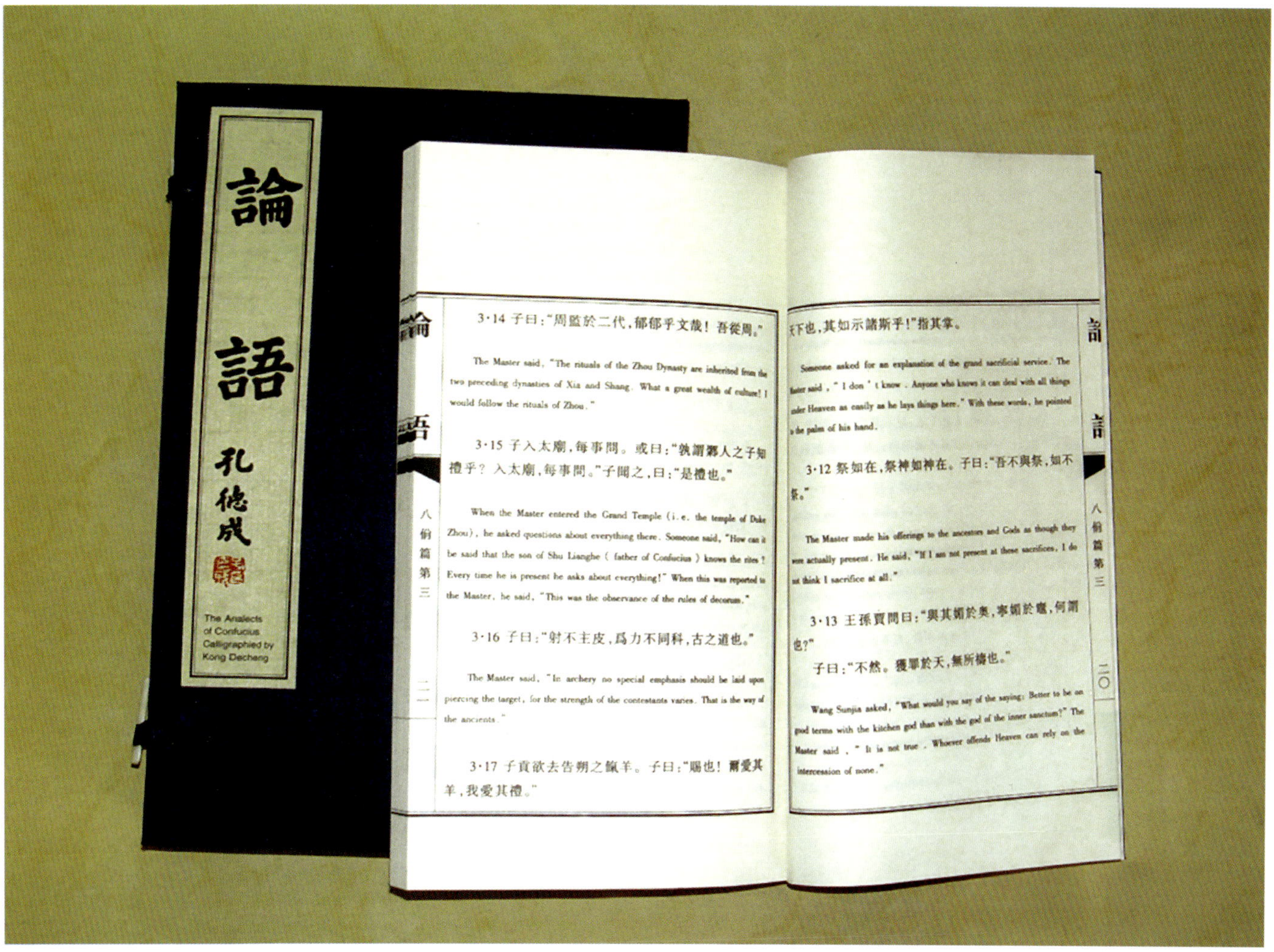

金奖

横排英汉对照版《论语》　作者：张锡洋

银奖

年画工具百宝箱　作者：张殿英

“自生堂”年画雕版　作者：吴军

美人鱼　作者：王涛

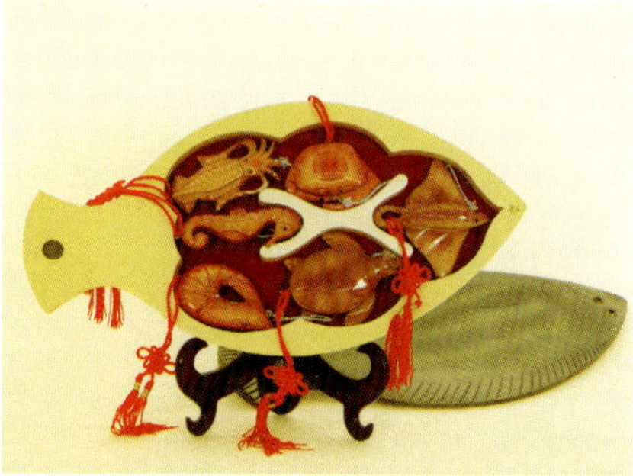

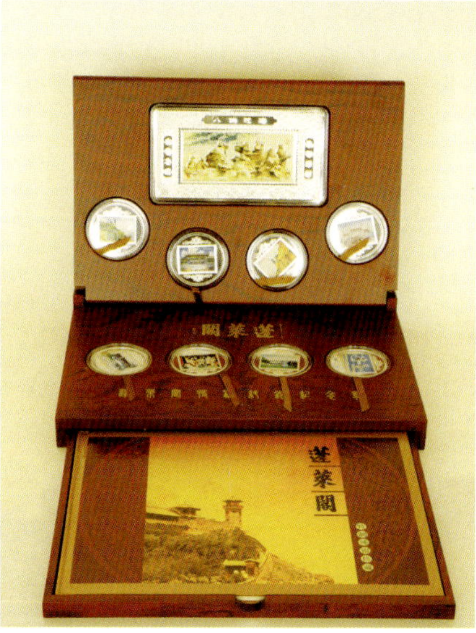

优秀奖

泰山紫铜浮雕　作者：李 祥
《蓬莱阁》特制纯银珍藏　作者：谢玉玺
12生肖吊饰　作者：冯明刚
胶东民俗风情－碾子、石磨　作者：赵 涛
海鲜荟萃　作者：孙光魁
齐国战车　作者：王雪巍
蒲松龄塑像（2组）　作者：张 雷
九龙壁《论语》　作者：张锡洋
黑陶系列　作者：刘 浩
壁画、书法锲金（无图片）　作者：刘鸿雁

最佳人气奖

水浒人物（面塑）　　　　作者：李军

入围奖

兵法竹简仿真品

白菜蝈蝈（面塑）

山水圣人图　　　　作者：张 冰

齐鲁胜迹盘　　　　作者：张 冰

孔子周游列国（木雕）

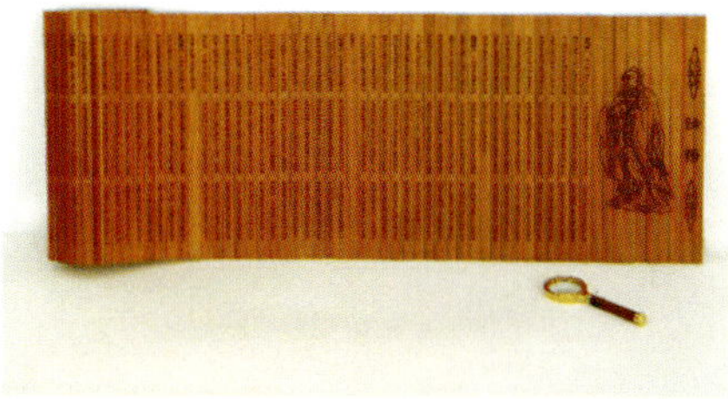

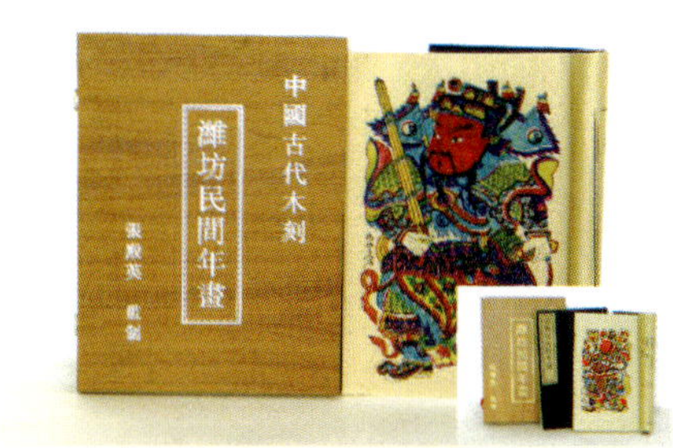

入围奖

先师孔子行教像　　作者：孔宪武
竹简《论语》　　作者：张锡洋
潍县年画系列旅游产品（2件）
大观峰浮雕壁画
五岳独尊水晶屏风
吊饰
绘画装饰用具系列
飞鱼
永恒　　作者：陈　伟

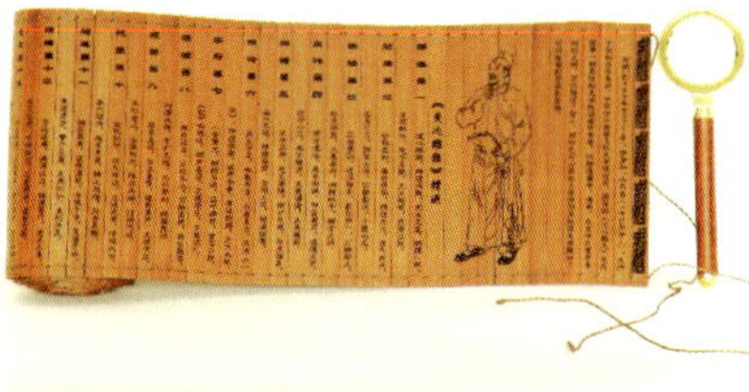

入围奖

核雕艺术	作者：马启德
宪利陶艺系列（3件）	作者：王宪利
国宝金丝贴－先师孔子	
农家乐	作者：张殿英
日照《文心雕龙》	
儒源典藏系列－儒源典藏	
《年年有余》瓷盘	作者：杨连军
好冷（现代陶艺）	
水晶玻璃内画壶	
文房八件套砚	作者：刘日寺

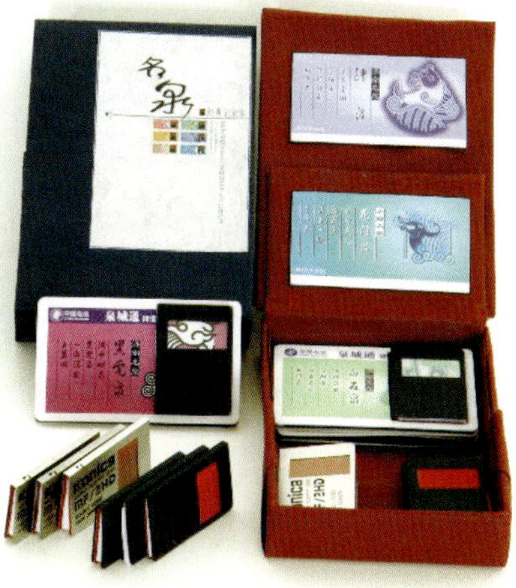

入围奖

童戏图（陶艺）
休闲烟缸　　　　　　　作者：杨桂莉
“名泉”景点记录本
田氏蝶类系列精品风筝　作者：田爱明
全铜“先师孔子行教像”　作者：许振红
壁挂式如意　　　　　　作者：孔翠霞
生命编织
剪纸系列2（花瓶）　　　作者：阎铁鲁
酒壶
奇趣《潍坊宝藏》
工艺马扎　　　　　　　作者：徐　刚

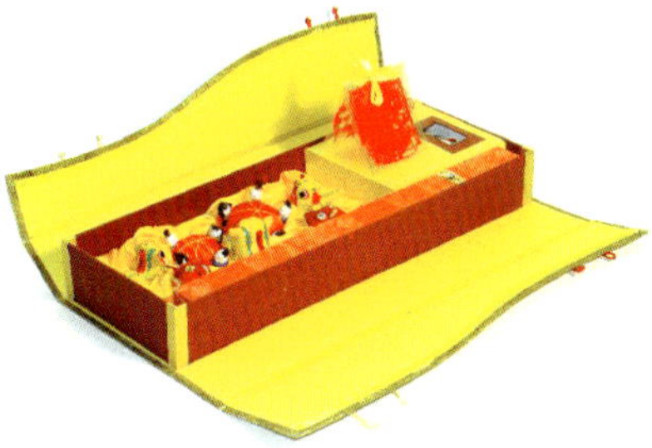

《烙画》系列1　曹进金
《烙画》系列2　曹进金
《烙画》系列3　曹进金
《烙画》系列4　曹进金
看盘（3件）

葫芦烙画　张宝健
陶瓷版画
回环诗盘（植物园、百花公园、大明湖共3件）　邓德忠
山东面塑—关公　郭　超

山东面塑《西厢记》　刘学森
山东面塑《贵妃醉酒》　刘学森
孔子行教（面塑）　何晓铮

李清照　何晓铮

大明湖畔夏雨荷　何晓铮

核桃仕女面塑　何晓铮

毛猴面塑 1

毛猴面塑 2

毛猴面塑 3

毛猴面塑 4

景点人物系列（面塑）　李军

微型人物系列（面塑）　李军

生肖、果蔬、花鸟鱼虫系列（面塑）　李军

五虎上将（面塑）

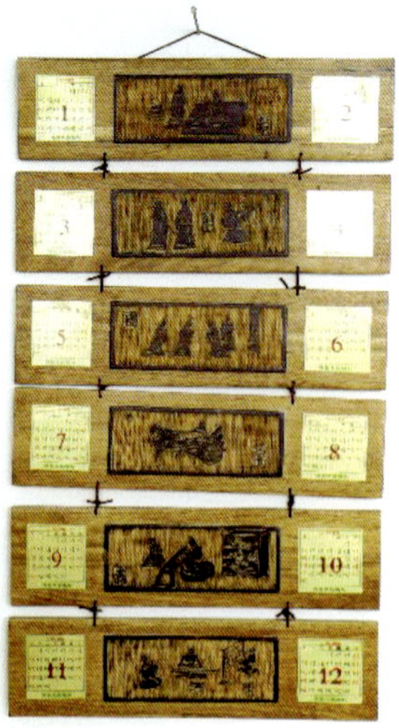

穆桂英（面塑）
李逵夺鱼（面塑）
金玉满堂（面塑）

内画系列（鼻烟壶、玉米棒子）
民间剪纸　　段秀芬
葫芦小老虎　　张　冰

葫芦茶具　　张　冰
先师挂像　　褚得胜
木雕孔子六艺图挂历

浮雕孔子像　张　冰
关东大狼毫　孔繁元
年画工具百宝箱
中国传统服饰不倒翁　张霞海

太阳鸟密度板雕刻　胡镇明
摆饰系列一
摆饰系列二

摆饰系列三
龙山魂八件套1　李曰厚
黑陶小三件

中华魂　张国庆
龙山魂八件套 2　李曰厚
李清照天然花岗石镇尺　王盛荣
旅游立体照像　王盛荣

防眩增亮多功能眼镜　王盛荣
孔子卖酒　王庆泉、张秀丽
孔子周游列国　王庆泉、张秀丽
榴园青檀五星看盘　康锦华

枣庄八景墨子看盘　孔德君
兖州风光大禹看盘　张秀丽
枣庄八景摆件　徐　勇

滕州八景墨子摆件　刘　伟
硕果累累多子多福　张秀丽
讲学的墨子　陈鲁峰

滕州八景墨子看盘　刘　伟
枣庄八景广场看盘　孔德君
榴园青檀花盘　康锦华

奔波的墨子　徐　勇
兴隆塔　陈鲁峰
报国塔　吕海华

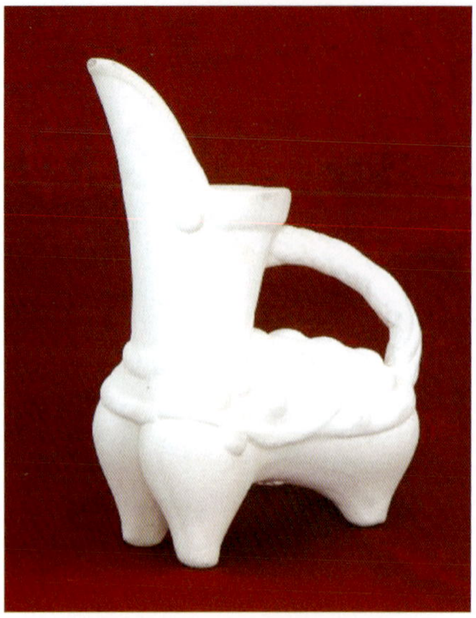

龙泉塔　　吕海华
泰山十景盘
泰山黑陶罐

大汶口文化艺术品－白陶鬶
中华泰山纯金画册　　刘　强
泰山红木笔筒

泰山漆器
泰山石函砚　　邹宗玉
泰山文化叙春秋

泰山景观热便杯
民族脊梁
泰山石敢当　郭敬元
泰山纯银盘

泰山水晶镇纸　李　祥
泰山桃木剑　程言贵
泰山艺术灵芝盆景（汉伯凌寒）　米寿延

《血战台儿庄》全景画纪念册　刘同林
台儿庄大战纪念馆馆徽　郝　涛
活瓷石榴杯　冯明刚
马上封侯　秦守江

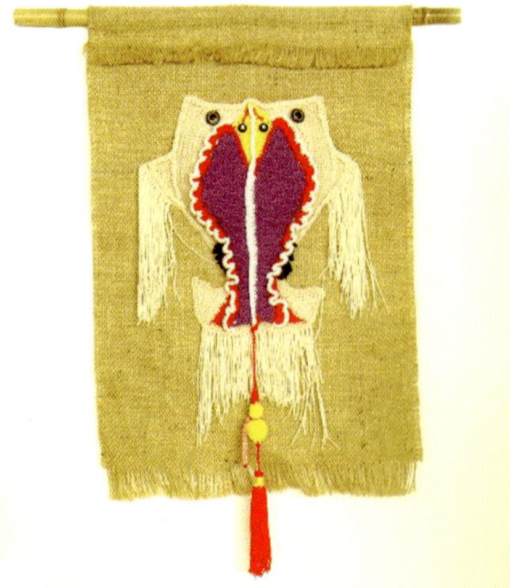

天目彩釉（2个） 于馥宁

台儿庄大战胜利65周年纪念看盘 林广侠

天目彩釉紫色中杯 于馥宁

12星座迷你吊饰 冯明刚

小狮头、蝴蝶、贝壳吊饰 于馥宁

雅馨香包 任浩然

渔岛情 王 涛

民俗布艺 崔建华

金苹果

鲁果丰盛

山东名胜—银盘设计

中国金都银盘设计

刻花赤金碗

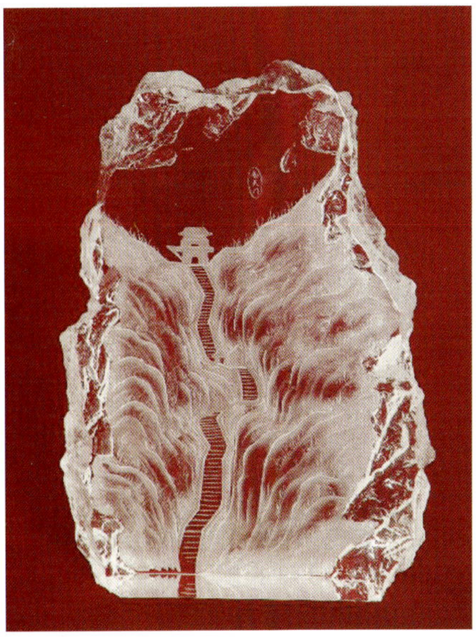

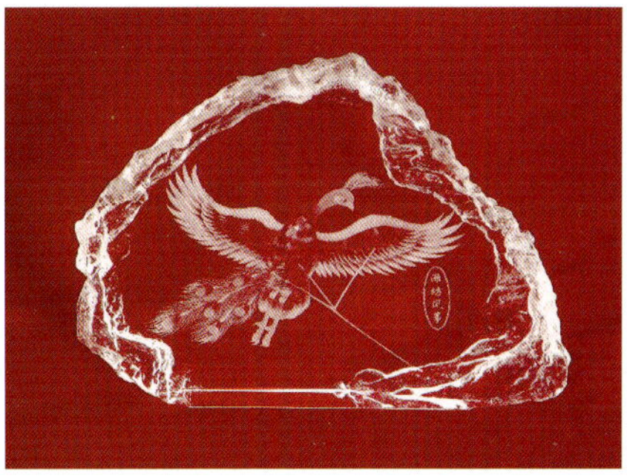

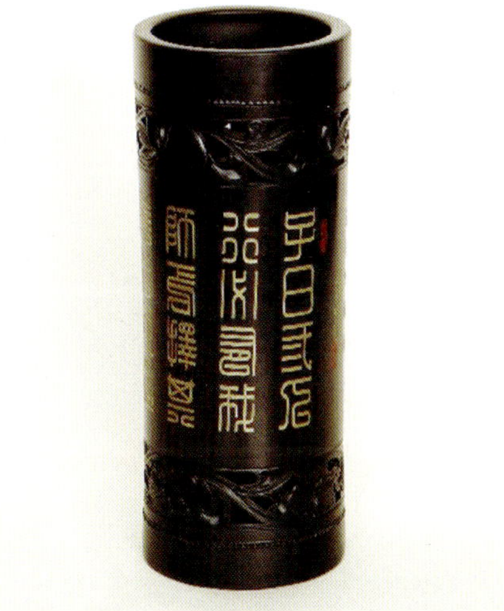

山东名胜－冰雕系列 1
花束月季　武　术
山东名胜－冰雕系列 3

山东名胜－冰雕系列 2
祈福　周意华
天之锦手工艺制品　朐祯康
“郝老妈”纯手工织布

手工蜡染旅游包
蒲草编织鞋
帽筒
古纹双龙香炉

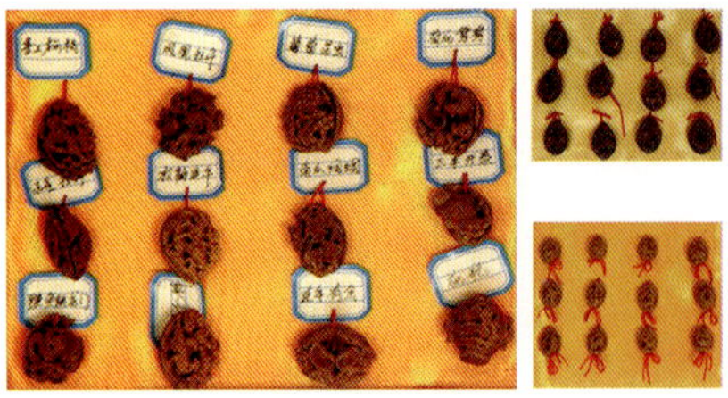

核雕艺术（透雕） 马启德
百泉瓶
当卢瓶

桃木制品
虎头鞋 马良飞
腾龙 马良飞
木璇 马良飞

玲珑球 马良飞
鸿福
吉祥 陈　伟
如意金龟
栾卓达、温连美、刘彬、刘亚君

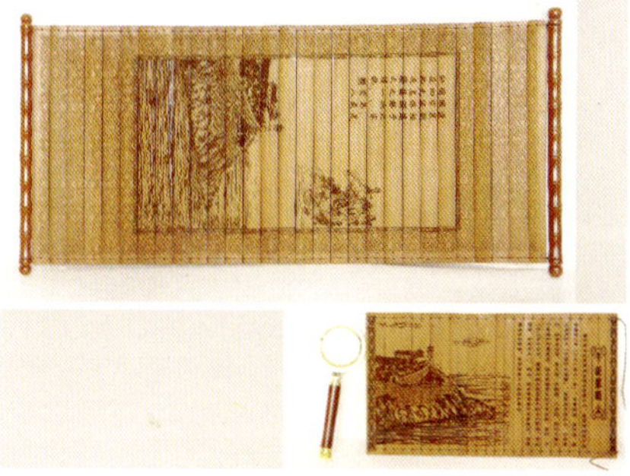

吉祥如意　栾卓达、温连美、刘彬、刘亚君
金佛　栾卓达、温连美、刘彬、刘亚君
烟台三宝　刘明昌、赵　涛
烟台旅游标志纪念章　刘明昌、赵　涛

烟台版图－大鹏展翅　赵　涛
福满烟台　谢玉玺
古铜鼎（葫芦雕）　王执策
陶瓶（葫芦雕）　王执策

毛泽东雕像（葫芦烙画）　陈　亮
风景烙画
竹帘　吴明杰
花瓶系列

蓬莱阁（剪纸）
荷花鱼缸（剪纸）
荷花八仙（剪纸）

八仙葫芦
金观音
苹果温度计

裕和成号
天然蚕丝织品
浪漫　　于波、洪聿燕、张德军

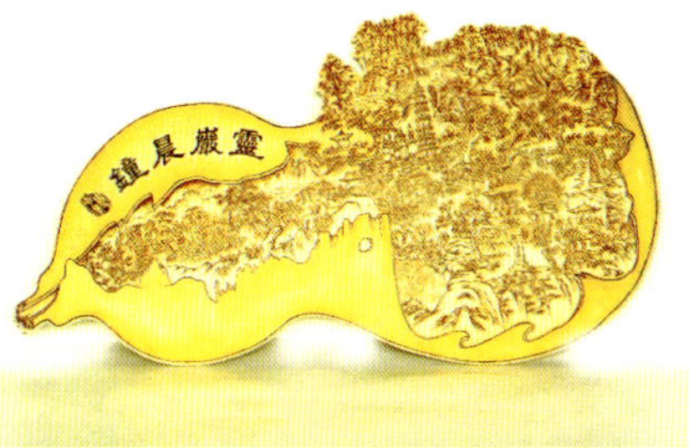

橡木桶
壶式蒸馏锅
蛋壳唐诗　张洪泰
蛋壳肖像（江泽民）　陈　亮

收获在于耕耘　孙光逵
吉祥彩粽、亭亭玉立、六顺发财、荷花　张富兰
杨家埠木版年画
木简刻书　刘　卉

造型烫画葫芦　刘　卉
木版葫芦烫画　刘绍宏
日照农民画　王为琴
日照剪纸

儒源典藏系列—书家手书论语　龚世兴
儒源典藏系列—古鲁文宝　龚世兴
儒源典藏系列—大哉孔子　龚世兴
儒源典藏系列—儒源三宝　龚世兴

四季平安（陶艺）
高温花釉十二生肖挂盘
《牧牛图》系列画盘
《聊斋狐狸》系列瓷盘
陶艺鱼　王艳红

“东方龙”“龙凤呈翔”古瓷艺术盘
鲁清瓷刻瓷文具
龙寿砚
黑陶牺尊　丁忠海
金彩玉茶盘

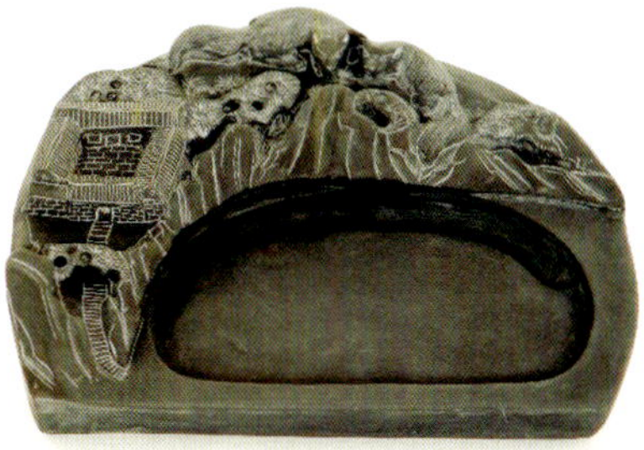

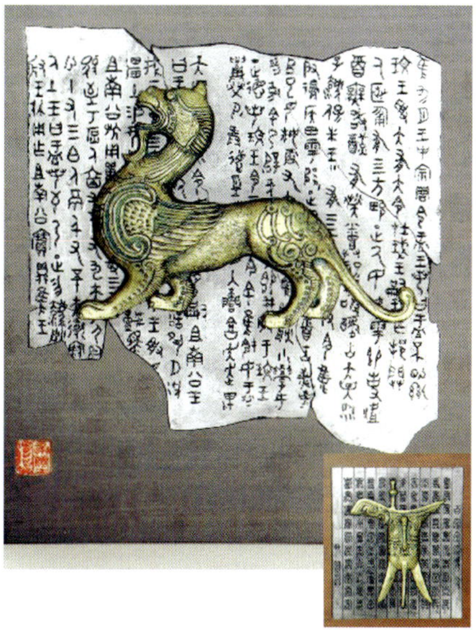

淄砚《聊斋故居》
雨点釉茶具　郭照军
茶叶末釉茶具
悉尼咖啡杯　何岩等

雨点釉茶盏　郭照军
西游记挂饰
仿古浮雕壁饰

芦苇贴画
纯棉手织床单
齐国手帕　谢训长
蛋刻

中华孔子美食炉 窦庆德
蓝凤雉标本根艺
漆嵌年画《春风得意》

宝塔、美女烟缸
"自生堂"年画雕版 吴 军
自生堂年画雕版—大框雕版
自生堂年画雕版—盒装麒麟送子

自生堂年画雕版—孔孟年画雕版
自生堂年画雕版—剑筒
田氏蝶类系列精品风筝2 田爱明
田氏蝶类系列精品风筝3 田爱明

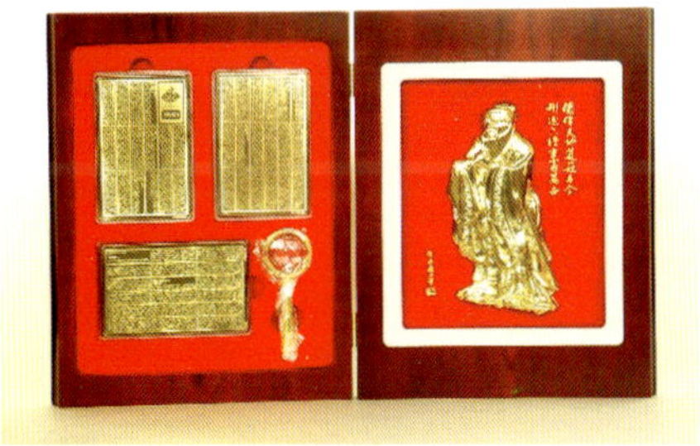

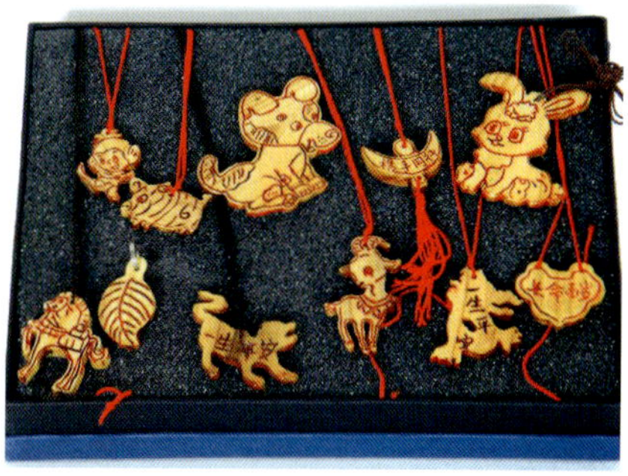

田氏蝶类系列精品风筝4　　田爱明
田氏蝶类系列精品风筝5　　田爱明
《论语》金书　　杜　鹃
孔府银如意　　王　敏

全铜孔子像看盘
木雕孔子像摆件
曲阜金龙阁艺术品公司
孔子周游列国图摆件　　孔宪武、张锡洋
金箔孔子像　　曲阜金龙阁

全铜孔子头像　　曲阜旅游品行会
孔子金像摆件　　曲阜金龙阁艺术品公司
木雕"先师孔子行教像"　　孔宪武
日照风景看盘
桃符　　张江川

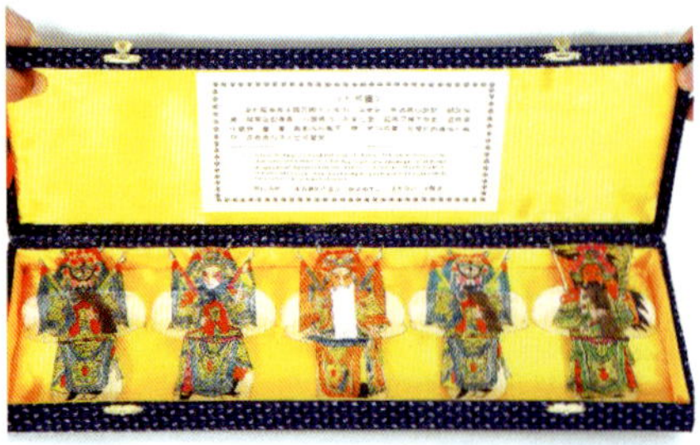

岳阳楼记
潍坊风筝
微型书画、微型装裱旅游工艺品 刘战生
葫芦雕刻 张文利（曲阜金龙阁）
小折扇论语 关来印

卓然六艺纪念册
看盘
剪纸系列1（人物） 阎铁鲁
牛、鼠（祖传系列）
鼎

小口陶艺瓶
复叶花熏
小山鬼

樱花罐
刻花光面直口罐
小双节瓶

椭圆尖嘴瓶
陶艺瓶之一
古纹罐
浮雕龙盘

四季小花瓶
双凤浮雕瓶
双龙扁花瓶

吉祥彩粽　张富兰
李清照（雕塑）　张俊魁
李清照（彩塑）　张俊魁
趵突泉宝葫芦　张　冰

泰山石敢当葫芦脸谱　张　冰
曲阜孔子钥匙链　张　冰
孙子纪念币　张　冰

渲染剪纸小地灯　任晓倩、赵迪
点彩剪纸小地灯　任晓倩、赵迪
皮影灯箱1　任晓倩、赵迪

皮影灯箱 2　任晓倩、赵迪
皮影灯箱 3　任晓倩、赵迪
皮影熏香炉　任晓倩、赵迪

皮影灯罩 1　任晓倩、赵迪
皮影灯罩 2　任晓倩、赵迪
皮影灯箱 4　任晓倩、赵迪

双喜鸳鸯蝴蝶　黄金波
门神挂钟　莫倚平
黑旋风启瓶器　温则师
迷你小相册　姚礼颜
老虎纹杯托　徐喜钦

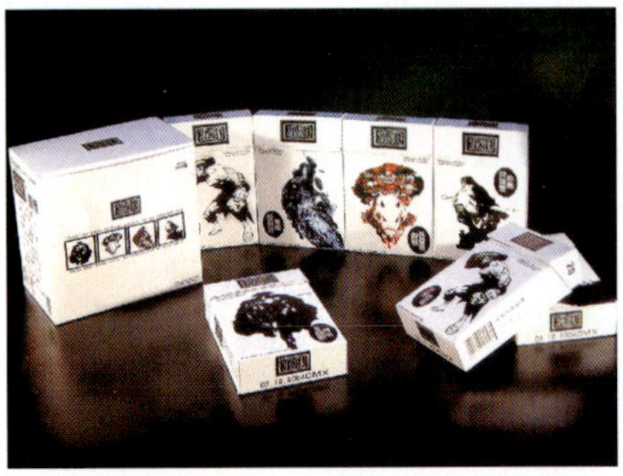

辣椒、盐盘　张宇林

《水浒传》礼品烟盒　刘冠杰

影　李　超

好汉杯　李开准

蝴蝶相框　梁畅东

飞扬的风筝　林润琴

艺术锁匙扣　黄先进

老虎台笔、名片座　陈震宏

孔子书夹　黄先进

俯首起瓶器　陈海林

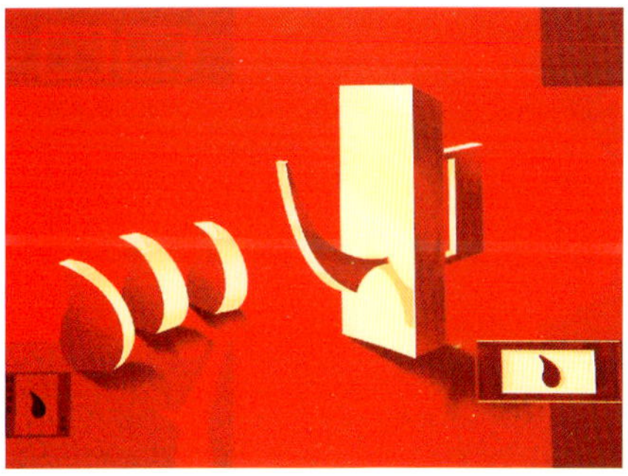

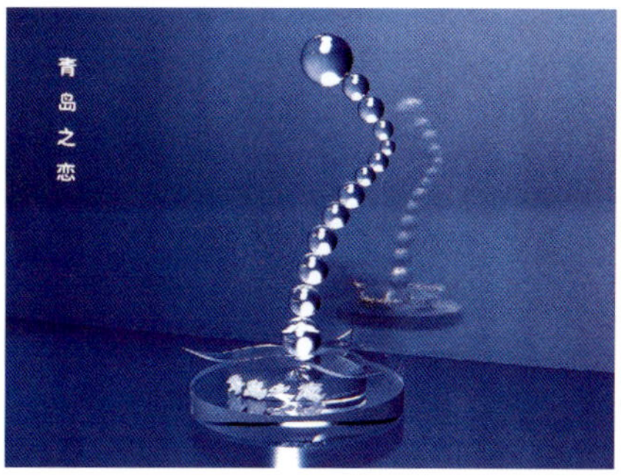

头冠形面谱CD架　陈伟钧
老虎折叠椅　陈翠敏
国宴鲁瓷系列酒具　熊可为
国宴鲁瓷系列餐具　熊可为

葫芦系列、泥娃、陶艺系列、羊壳画系列　郝文成
葫芦吞口　郝传河
逝　王志金
青岛之恋　王欣一

漂流瓶　冯　林
布老虎　徐晓东
搏　孙吉利

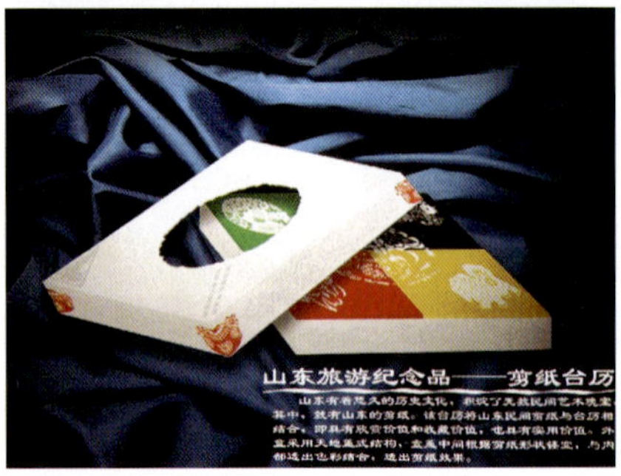

梳子　杨有明

扑克　王　丽、路明涛

山东旅游纪念品剪纸台历 1

山东旅游纪念品剪纸台历 2

山东旅游纪念品剪纸台历 3

山东旅游纪念品剪纸台历 4

山东旅游纪念品剪纸台历 5

山东旅游纪念品剪纸台历 6　杨　帆

中国山东旅游见证　张珊鹰

微型泉标设计、微型荷花喷泉　黄庆和

动人的歌谣　时　枫

水浒纪念扑克　李　垚

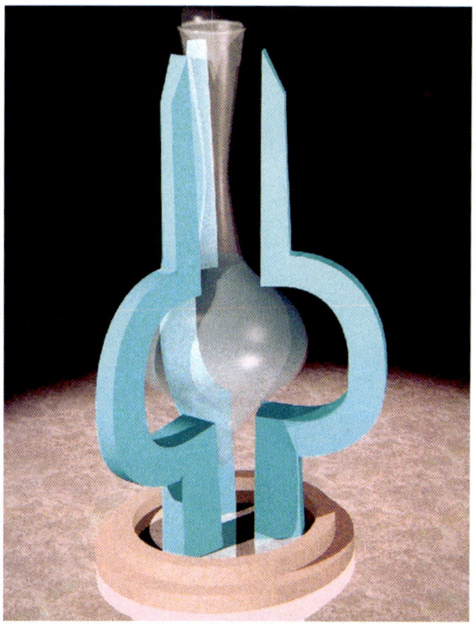

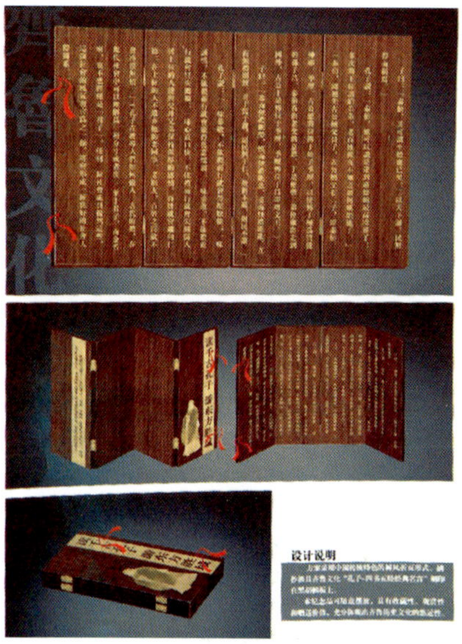

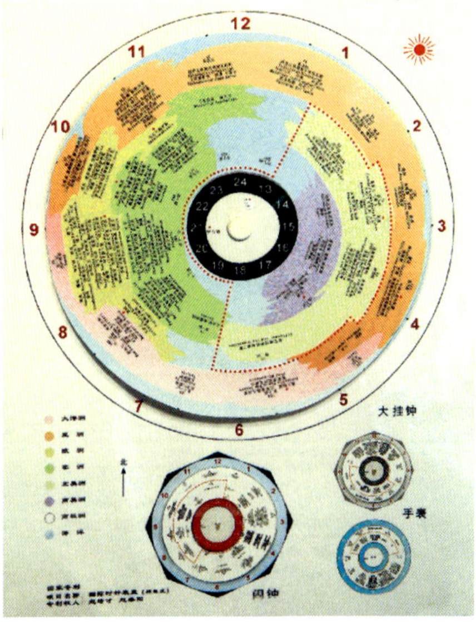

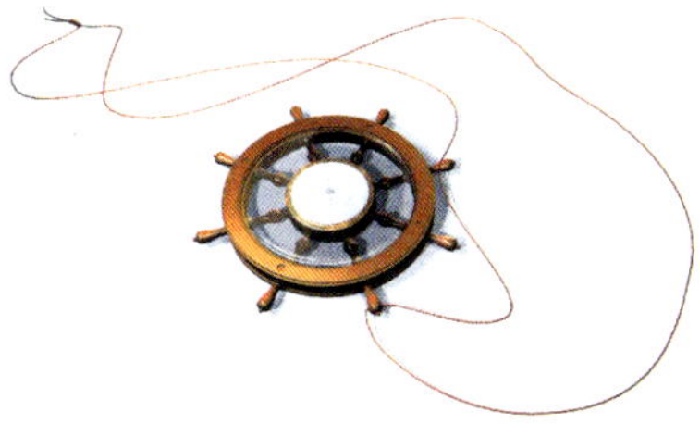

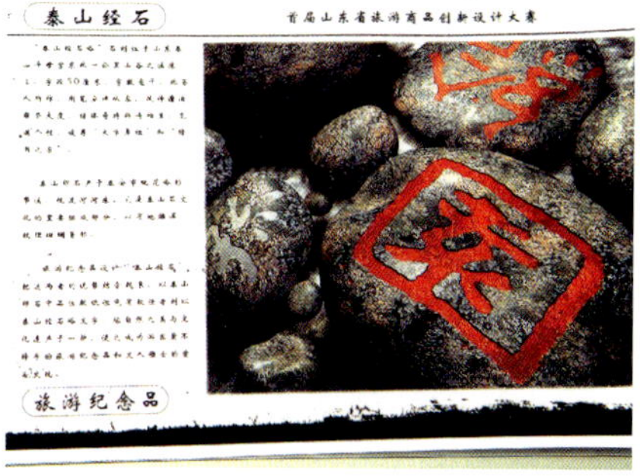

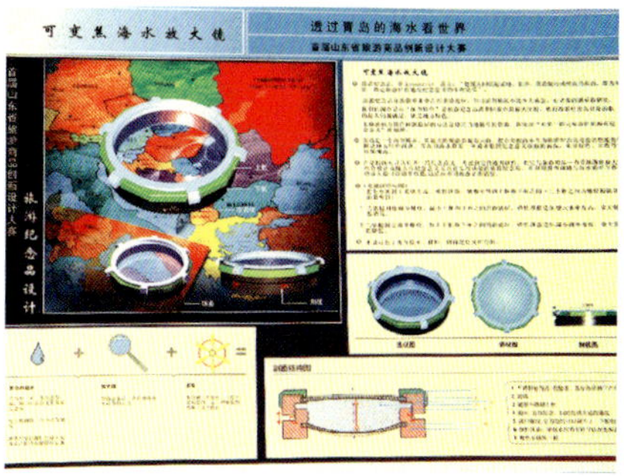

中国VS山东	刘　勇	"泉"瓶	王　湛	鹅蛋彩绘镶嵌	冯祥勇
国际时钟表盘	赵培才	永恒之舵	池宁骏	纪念品	张　健
孔府旅游邮币纪念册	章　馨	鲁韵	杨　欣	泰山经石	李　鹏
				可变焦海水放大器	李　鹏

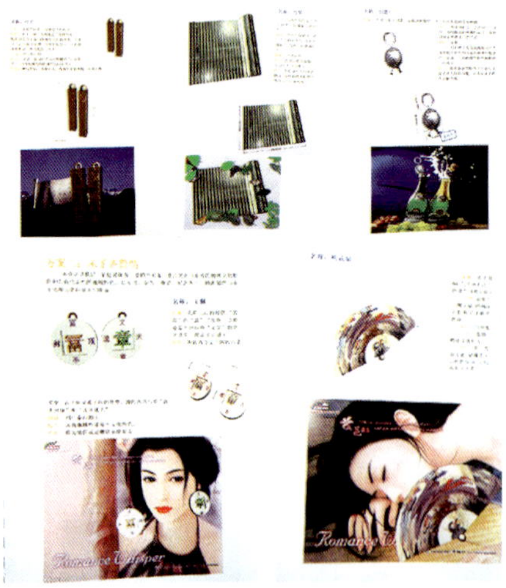

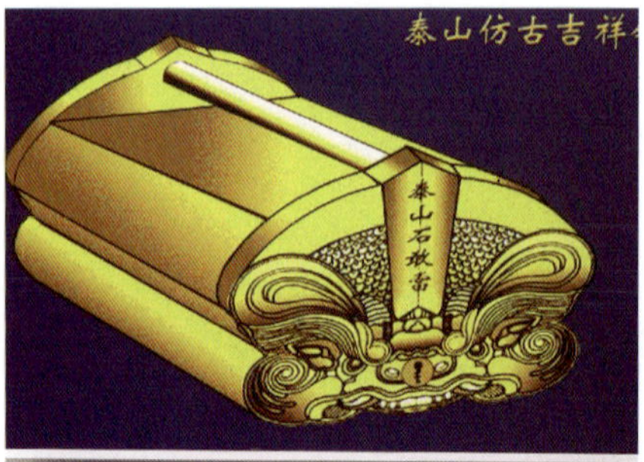

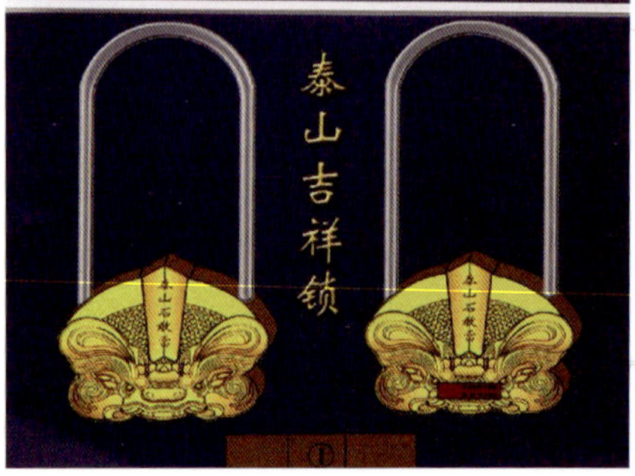

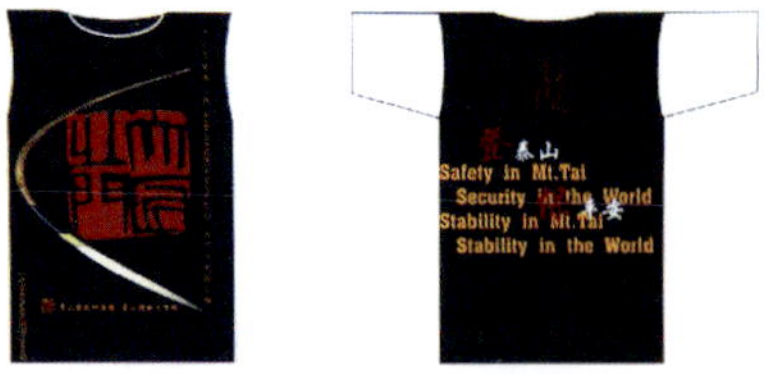

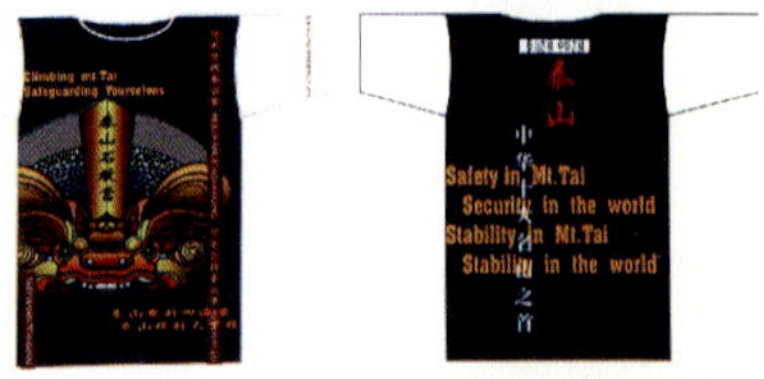

本设计以水浒人物李逵、鲁智深、武松、林冲喝酒的形象为主题，采用装饰与实相结合的处理手法，来表现水浒人物旷达、强悍、豪放、质朴的英雄形象。作品力求雅俗共赏，具有观赏性和地方特色，携带方便，可做为水浒故地梁山的旅游纪念品。（作品者，

				泰山风光导游	尹剑平
未了齐鲁情	杨　欣	泉之韵—手机链设计		泰山石敢当的故事	尹剑平
泰山真形图饰品、饰物	王伟强	泰山吉祥锁	尹剑平	泰山吉祥物	尹剑平
泉水瓶设计	王永刚	泰山文化系列	尹剑平	水浒人物雕塑	王保东

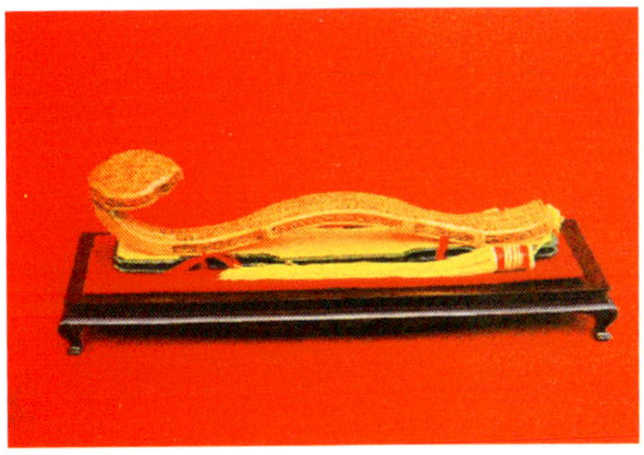

透雕百寿如意　曲阜市旅游行会

木雕“八仙祝寿”　张锡洋、孔宪武、龚世星

木雕“孔子先师行教像”

三星如意　张锡洋、孔宪武、龚世星

精工龙凤如意　张锡洋

尼山砚　张锡洋

孔子香币

泉城风光—中国剪纸艺术　王大章

放眼看齐鲁—标识　杜雯

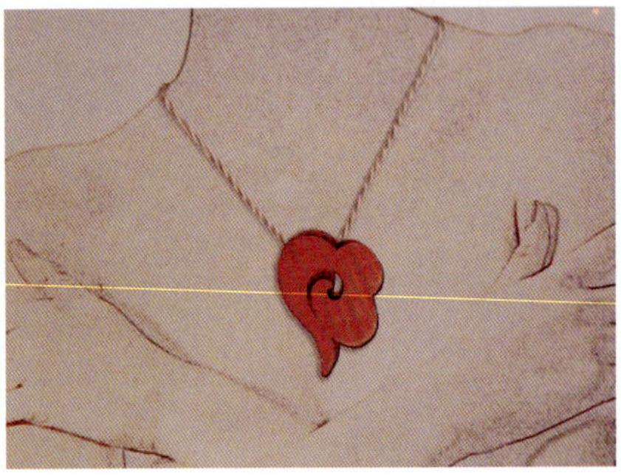

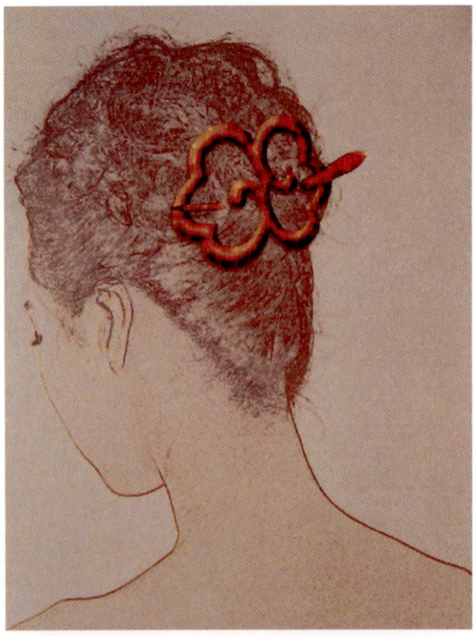

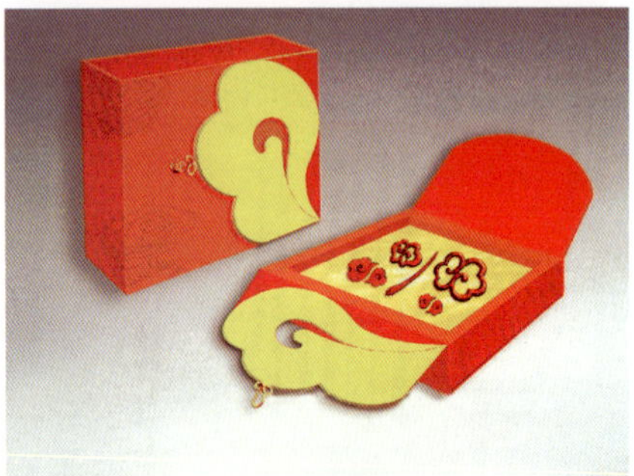

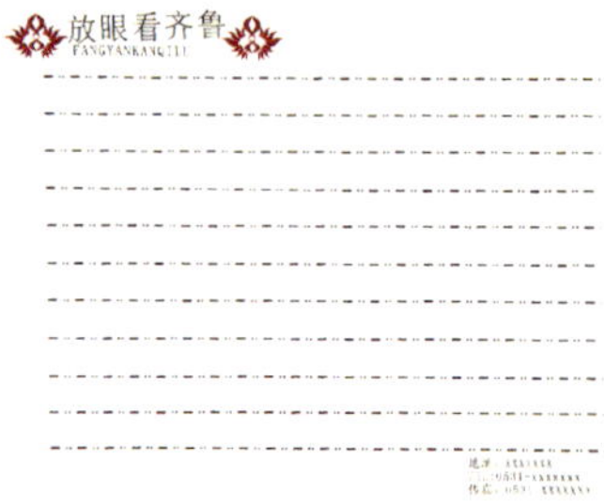

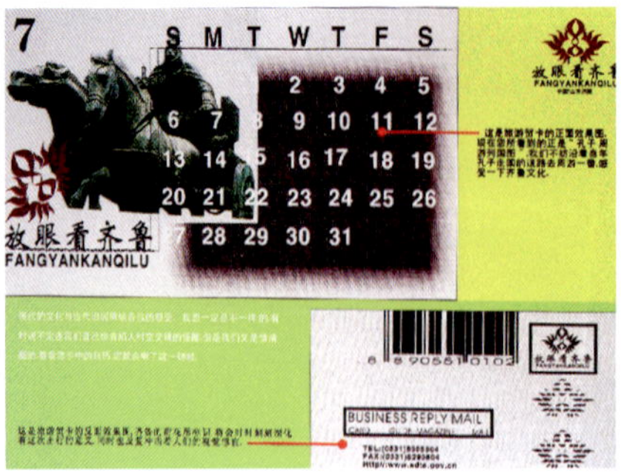

装饰的扇子	李　峰				
个件展示 1	王　冰	个件展示 5	王　冰	放眼看齐鲁—日历	杜　雯
个件展示 2	王　冰	放眼看齐鲁—包装展示	王　冰	放眼看齐鲁—招贴	杜　雯
个件展示 3	王　冰	放眼看齐鲁—信纸	杜　雯	放眼看齐鲁—导游宣传册	
个件展示 4	王　冰	放眼看齐鲁—贺卡	杜　雯		杜　雯

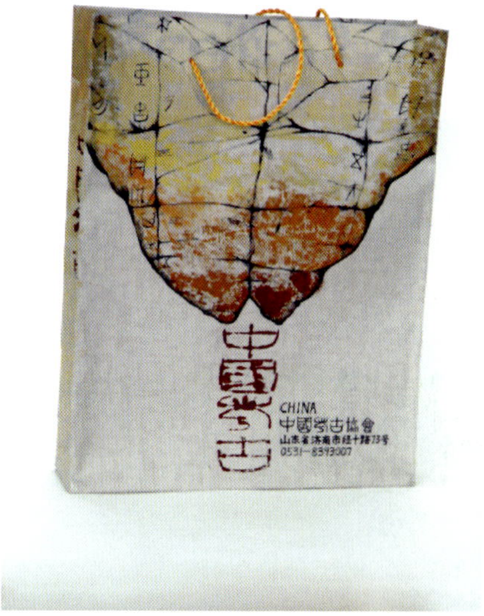

放眼看齐鲁—网页设计　　杜　雯
放眼看齐鲁—编排模式　　杜　雯
酒庄酒

百年窖干红
旅游产品包装袋
包装—斯诺干红

特色酒包装
手提袋设计
骑士红酒包装

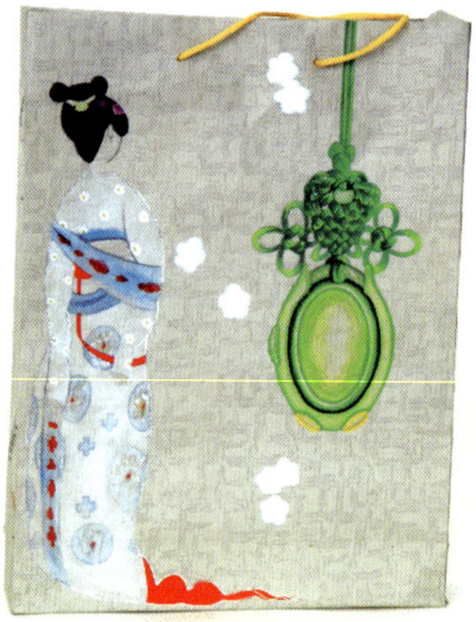

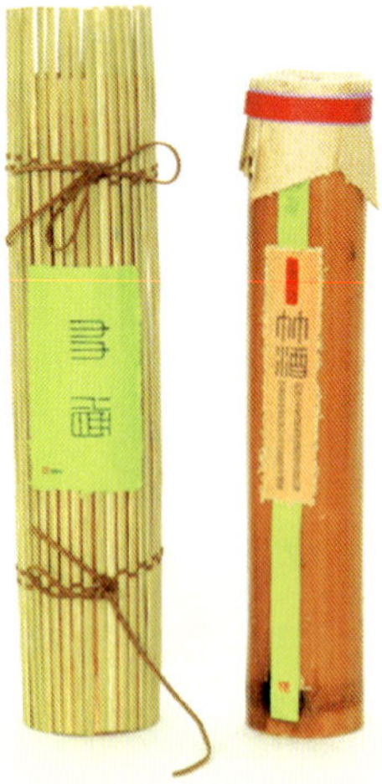

酒包装　向　征
旅游产品包装袋　王文静
竹酒包装

中国古典文化旅游系列（齐鲁文化）包装袋设计　韩蓓蓓
民间年画包装　毕泗林
土特产包装（名酒）　艾　华

特种纸礼品包装盒　关来印
特种纸茶叶包装盒　关来印
煎饼包装设计　赵素坤
石懿

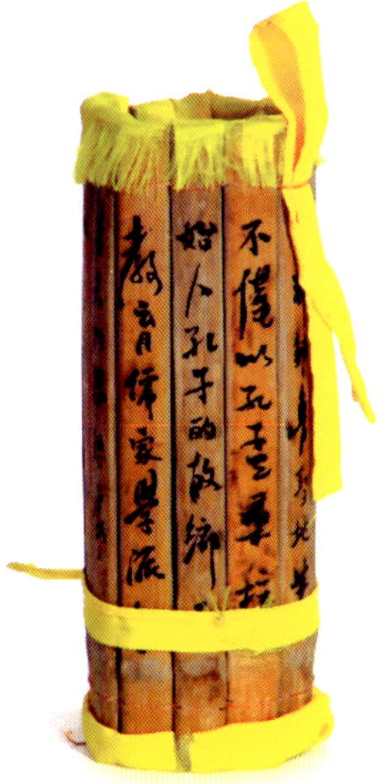

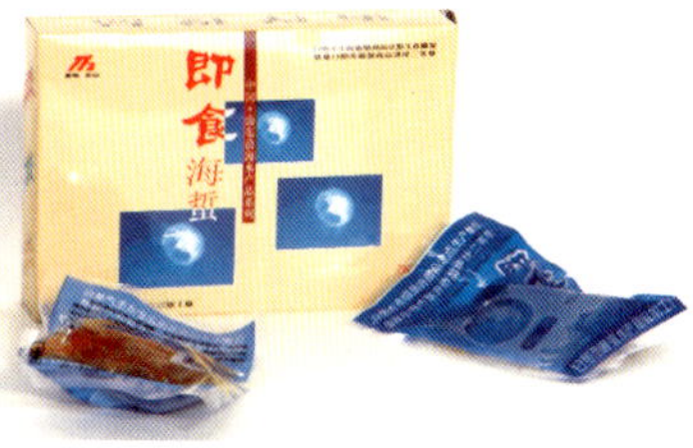

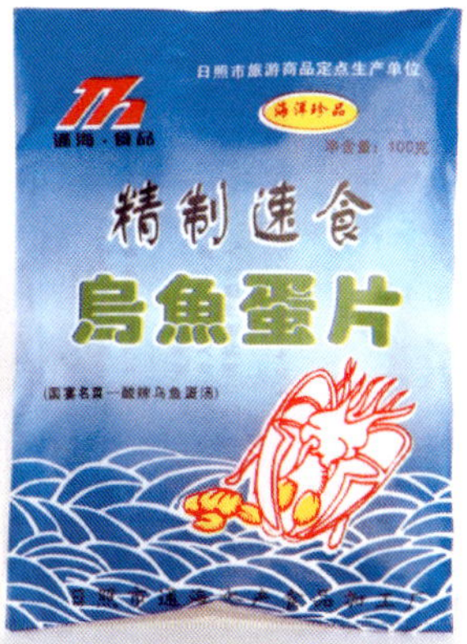

孔府家酒包装
龙山小米　荆汉林、吕兴平
景阳春酒包装　张丽萍

一百单八将火柴　韩明霞
“茗家春”绿茶系列包装　刘加强
牛蒡茶包装
雪青茶包装　王维胜

即食美味海蜇丝　杨洪滨
正宗蠓子虾酱
精制速食乌鱼蛋片
孟府香油、孟府花生油　齐学峰

沂蒙全蝎系列产品　孙纯孝

周村烧饼　吕方群

孔府煎饼包装设计　陈　芸

山东药膳　王斯楠

中草药包装

辣子包装

白茶　王斯楠

山东风情皮影灯1　何薇、任晓倩

山东风情皮影灯2　何薇、任晓倩

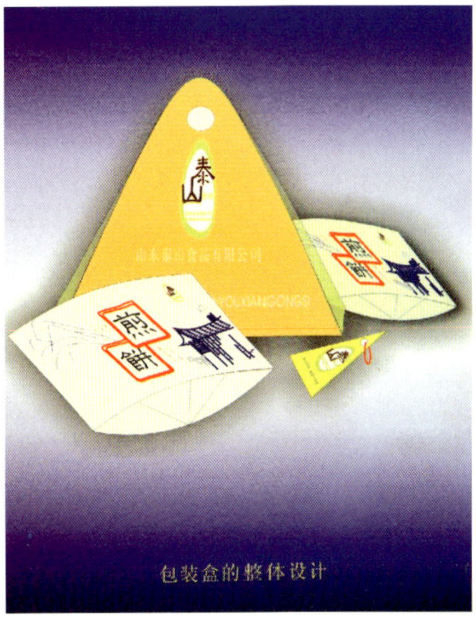

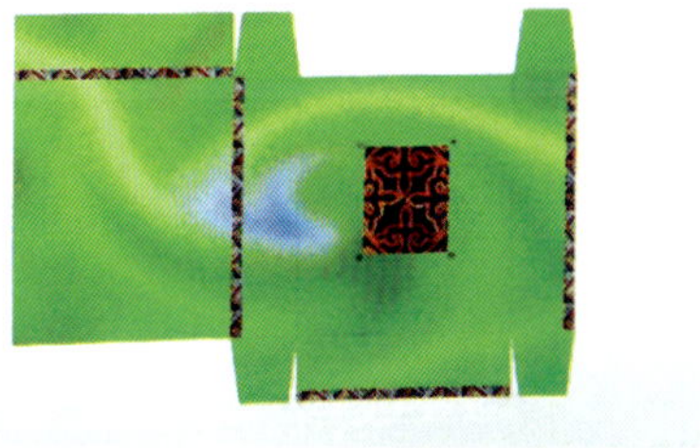

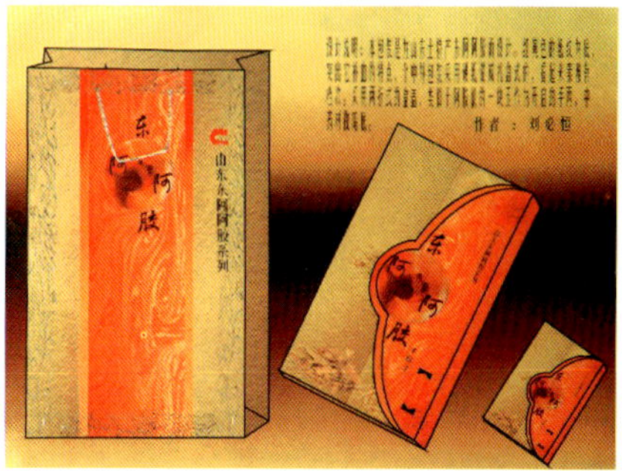

泰山煎饼　刘　洪
开启甜蜜　孙　营
揭起你的盖头来　李珊珊

步步高　孙　营
解开你的衣领，品尝你的芳香　孙　营
山东阿胶　张　雯
山东潍坊风筝包装

“心酒”包装设计　陈秋坚
大明湖酒包装设计　谭琳琅
特色食品煎饼包装　王　娟
山东“东阿阿胶”口服液包装　刘必恒

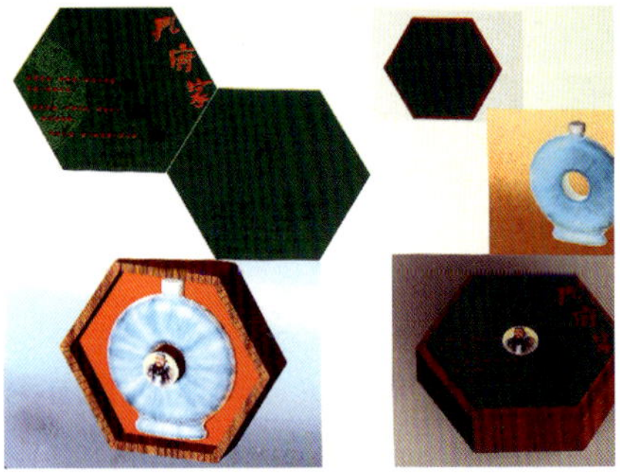

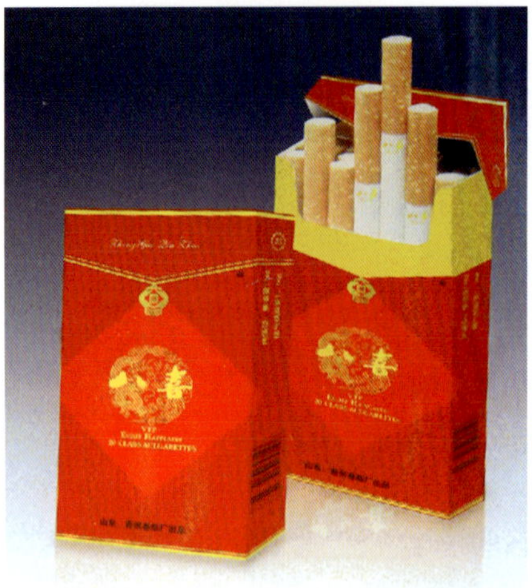

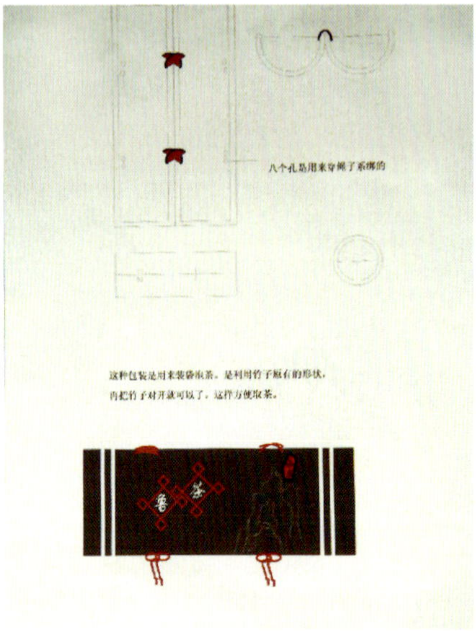

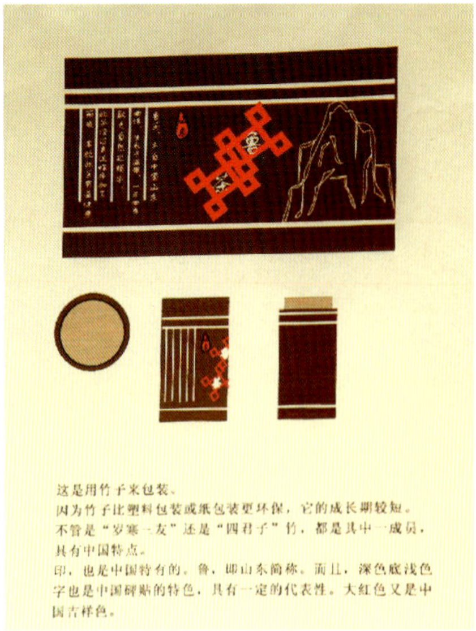

葫芦酒　王志金
剪纸饰灯　翟　炜、周　伟
孔府家酒　王洪正、李云香、李　香
水伯贡鸭　谭小明

八喜烟　谭小明
乐健中草药包装　范文娟
“鲁茶”包装 1　刘　英

“鲁茶”包装 2　刘　英
山东春酒包装　张　伟
泰山岱岳灵芝茶包装　汤　龙
崂山绿茶　刘　彬、刘海龙

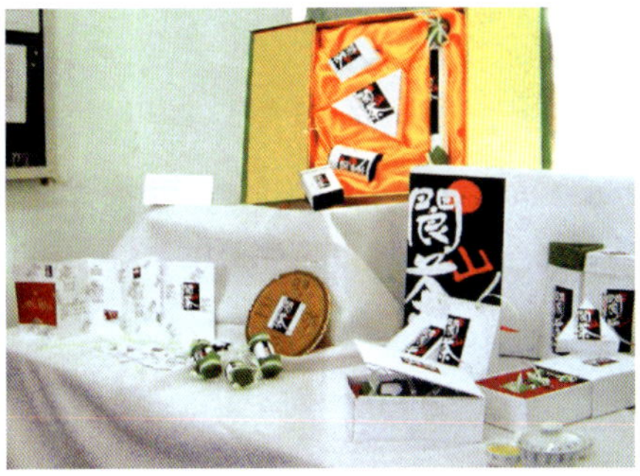

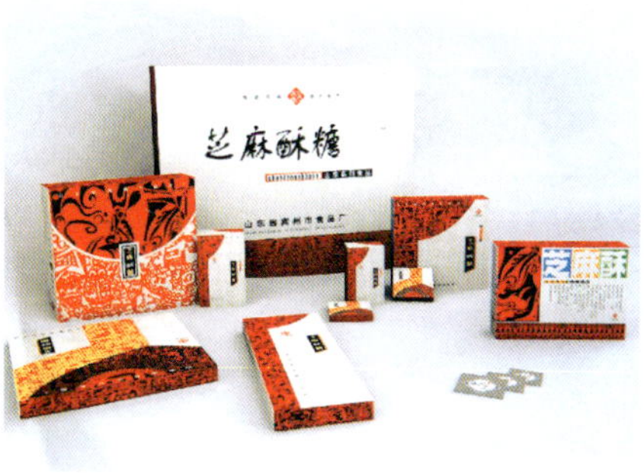

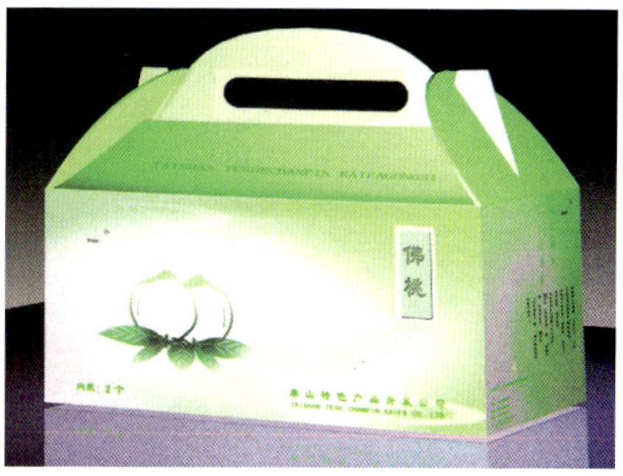

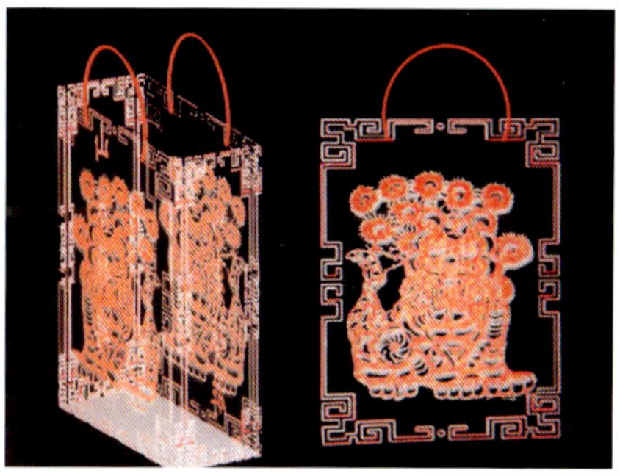

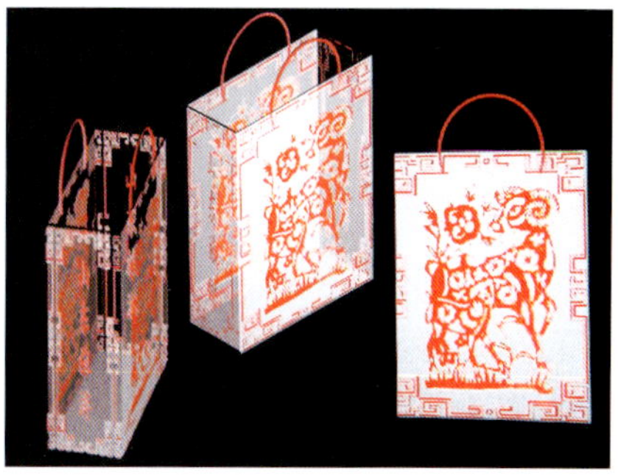

茶叶包装设计　李来出
宫廷玉枣　丁博宇
菏泽牡丹糕包装　彭　杰
青岛干海产品　彭　杰
李氏崂山绿茶　李桂芝

盈源食品包装　陈　亮
酒包装—泰山牛　向　征
酒包装—泰山人家　向　征
金彩山特曲　向　征
滨州特产—芝麻苏糖　王德骏、赵圣松

产品包装　李　强
贡熙茶叶外包装　韩　冰
剪纸手提袋 1　任晓倩、赵　迪
剪纸手提袋 2　任晓倩、赵　迪

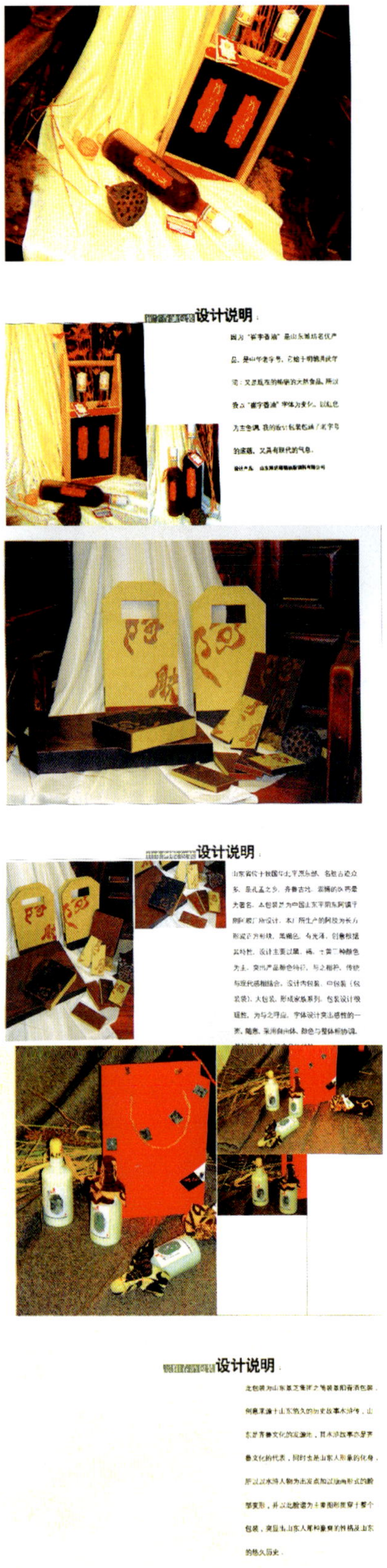

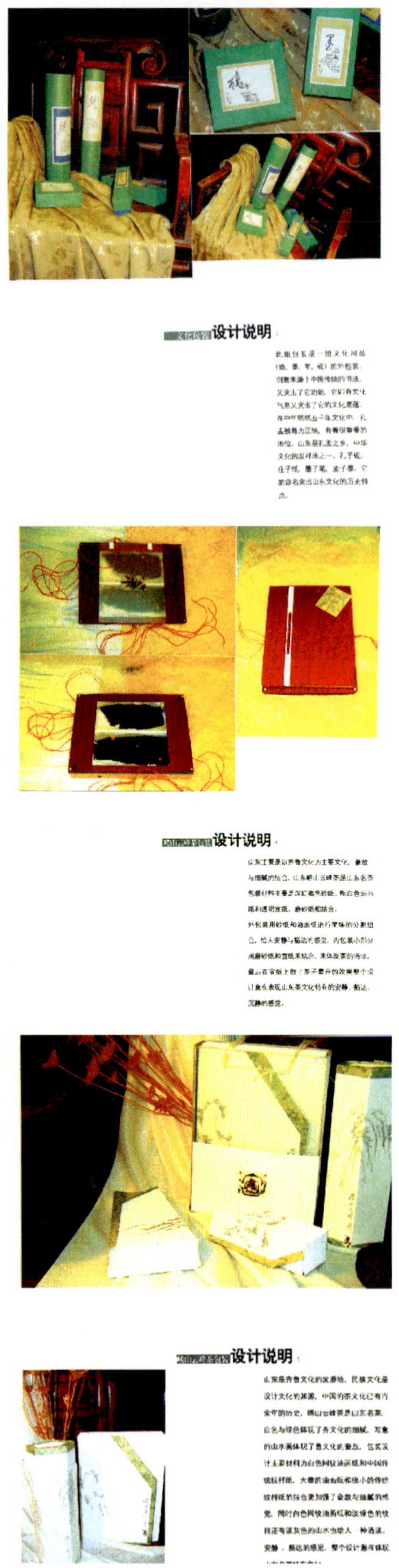

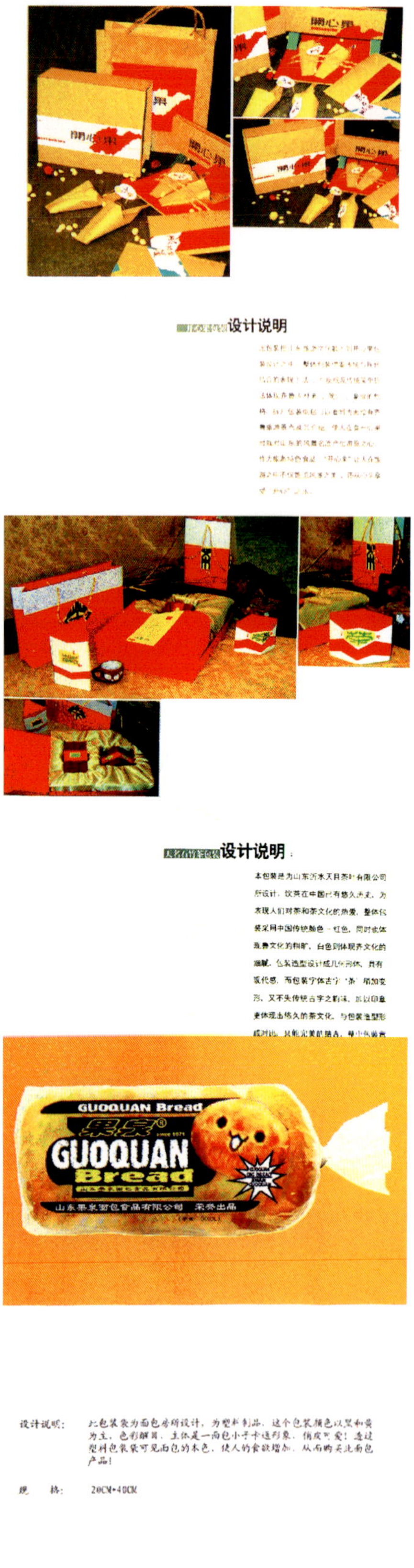

文化包装（孔子砚、庄子纸、墨子笔、孟子墨）

崔字香油	王康玉		刘曼华	“开心果”包装	邰志花、郝泽星
山东阿胶	赵　爽	崂山云峰茶1	马　岩	天名石竹茶包装	龙显灵
景阳春酒包装	李　岩、杨　艳	崂山云峰茶2	赵　静	面包包装	张　林

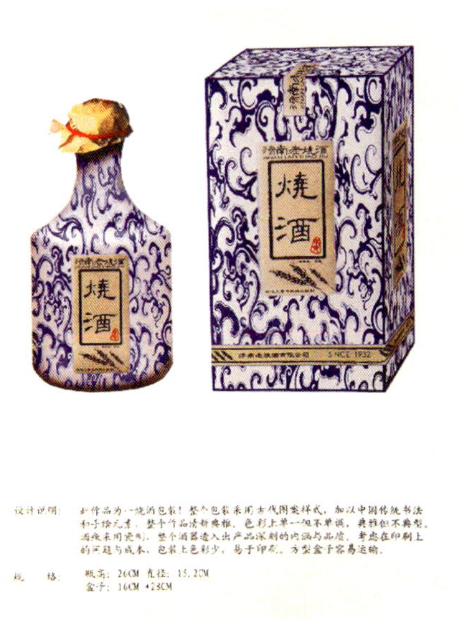

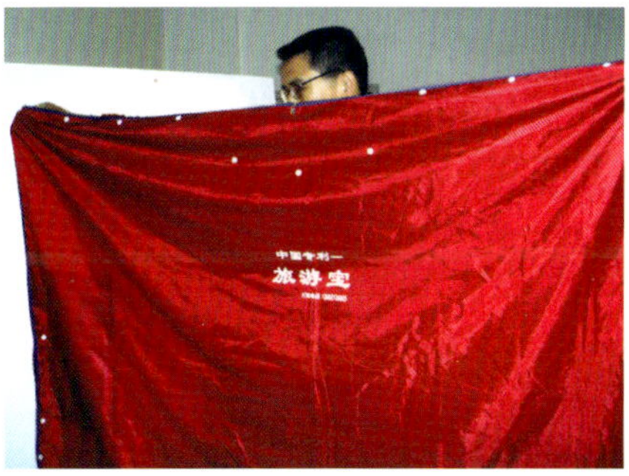

部分资料缺失，敬请原谅。

烧酒包装　　张　林
泰山日出（文化手提袋）　　赵　洋
旅游帐篷　　李　峰

玉龙拐杖　　王　冉
马夹宝　　徐学海
多用运动服　　徐学海
桃木龙头手杖　　王同春、王伟伟

鱼之恋　　李普红

“泉城杯”第二届山东省旅游商品创新设计大赛

(2004年10月—2005年1月)

“泉城杯”第二届山东省旅游商品创新设计大赛由山东省旅游局与济南市人民政府联合主办，山东省旅游商品开发服务中心和济南市旅游局共同承办，于2004年10月－2005年1月在济南举行。大赛以“浓郁的山东特色，厚重的齐鲁文化”为总主题，“泉城济南”为分主题，共征集作品671件，其中泉城济南题材作品98件。2005年1月28日－1月31日在山东省博物馆举行了作品现场展示及旅游商品交易，共有3万人次前来参观。

大赛共评出金奖3个（含泉城济南题材1个）、银奖6个（含泉城济南题材2个）、优秀奖40个（含泉城济南题材10个）、最佳人气奖1名、平面设计奖3个。原中国工艺美术协会副理事长翁明星先生、山东大学文史哲研究院院长叶涛教授、山东大学管理学院旅游管理系王德刚教授、中国海洋大学管理学院旅游系方百寿教授、山东轻工业学院艺术设计学院副院长张伟教授、泰山学院副院长王雷亭教授、山东大学工业设计研究所张纪群讲师担任此次大赛评委。

省人大副主任曹学成、省政府副省长王军民、省政协副主席朱铭等省市领导亲临作品展示现场并出席了颁奖典礼，对活动给予了极高的评价。

优秀组织奖

济南市旅游局

淄博市旅游局

枣庄市旅游局

烟台市旅游局

潍坊市旅游局

济宁市旅游局

泰安市旅游局

威海市旅游局

日照市旅游局

临沂市旅游局

德州市旅游局

曲阜市旅游局

潍坊市工艺美术协会

济南市民俗艺术馆

曲阜金龙阁艺术品公司

金奖

鲁锦－全棉手工提花精纺床上用品

作者：菏泽鄄城·路维民、张勇

金奖

泰山神启跸回銮图

作者：泰安·李祥（泰安市旅游局选送）

金奖

彩绘泥塑兔子王（泉城济南题材）

作者：济南·杨峰

银奖

泰山平安服系列
作者：泰安 · 孙玉英
（泰安市旅游局选送）
飘香
作者：烟台张裕 · 于波、张德军等
（烟台市旅游局选送）

银奖

仿古蹴鞠
作者：淄博 · 于维平
（淄博市旅游局选送）
核雕系列
作者：潍坊安丘 · 马启德

银奖

黑陶系列（泉城济南题材）
作者：济南章丘·李曰厚
（济南市旅游局选送）
玫瑰花茶系列（泉城济南题材）
（济南市旅游局选送）

优秀奖

保护木版年画三大件
作者：潍坊·张殿英
（潍坊市旅游局选送）
前缘今情
作者：济南·吴军、张文杰等
潍坊嵌银小件
作者：潍坊·张宝鹤（潍坊市旅游局、潍坊市工艺美术协会选送）
沂蒙山陶哨（陶笛）
作者：临沂·王华文
（临沂市旅游局选送）
兴明小郭泥人
作者：苍山县兴明乡政府
（临沂市旅游局选送）
魅力青岛礼品册
作者：青岛·逄焕健
童鞠图
作者：淄博·杨玉芳
（淄博市旅游局选送）

优秀奖

潍坊民间工艺（套装）6盒装
作者：潍坊·陈玉林等
（潍坊市旅游局、潍坊市工艺美术协会选送）

萨克斯酒
作者：烟台张裕·于波、孙献乐
（烟台市旅游局选送）

泰山四大名药礼盒
作者：泰安·张玉清
（泰安市旅游局选送）

汉简《孙子兵法·计篇》
作者：临沂·高永富（临沂市旅游局）

独轮车组合
作者：临沂·毛现义
（临沂市旅游局选送）

孔子文化系列内画
作者：曲阜·陈勇刚

先师孔子行教像
作者：曲阜·张锡洋、孔宪武

优秀奖

竹简论语
作者：曲阜·刘振柱
齐鲁古织机
作者：东营垦利·张岩宝
桃木避邪属相腰佩
作者：泰安肥城·程言贵
（泰安市旅游局选送）
桃木雕《左传》
作者：泰安肥城·程言贵
（泰安市旅游局选送）
杨家埠木板年画
作者：潍坊·孙红岩
（潍坊市旅游局选送）
龙娃
作者：潍坊诸城·武振泉
（潍坊市旅游局选送）
门神（秦琼·敬德）
作者：潍坊·张克臣
（潍坊市旅游局选送）
潍坊年画壁挂
作者：潍坊·孙建平
（潍坊市旅游局选送）
潍坊嵌银－镇尺、看盘、套装文具盒
作者：潍坊·孟庆时等
（潍坊市旅游局、潍坊市工艺美术协会选送）
潍坊刺绣－吉祥肚兜
作者：潍坊·丁福臻等
（潍坊市旅游局、潍坊市工艺美术协会选送）

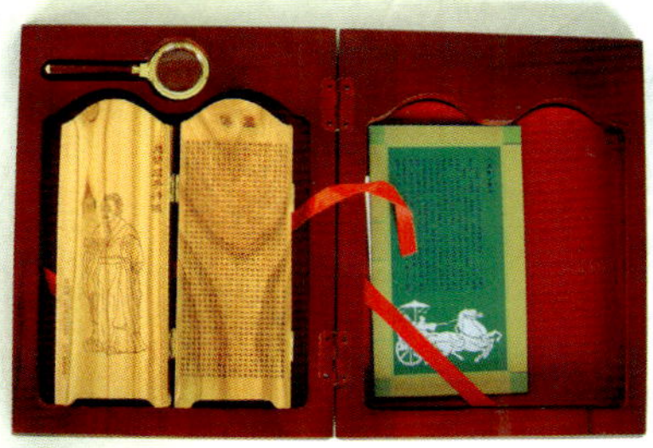
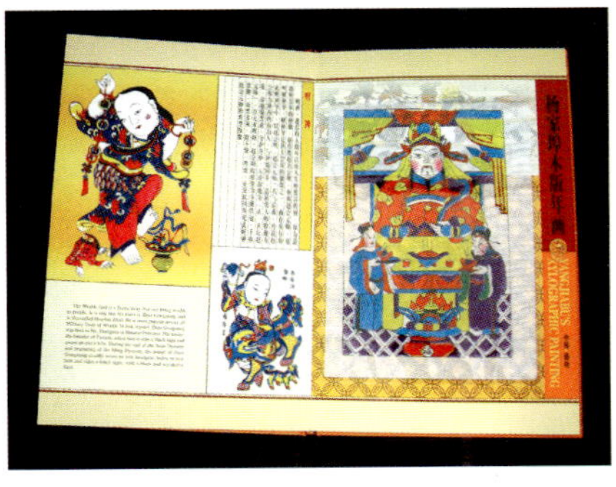

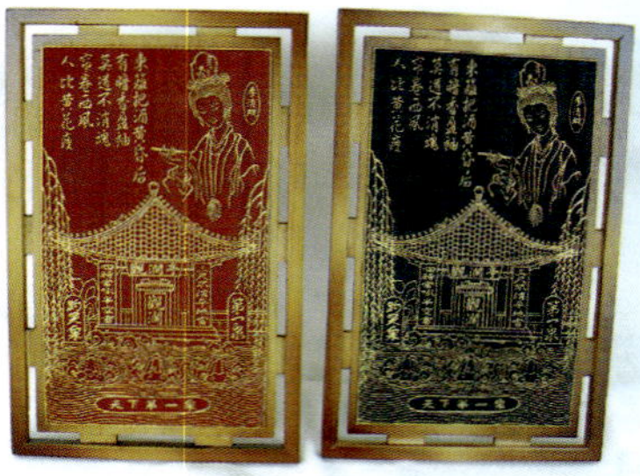

优秀奖

潍坊布老虎（套装）
作者：潍坊·陈玉林等（潍坊市旅游局、潍坊市工艺美术协会选送）
峄县三宝
作者：枣庄峄城·陈百祥
（枣庄市旅游局选送）
绳纹提梁壶
作者：莱芜·王千钧
（莱芜市旅游局选送）
壁挂如意（大小两件）
作者：曲阜·张锡洋、龚世星、孔宪武
银杏工艺品
作者：日照莒县·张小岩、辛崇志
（日照市旅游局选送）
潍坊微型风筝
作者：潍坊·陈玉林、王玉光等
（潍坊市旅游局、潍坊市工艺美术协会选送）
福禄时光（泉城济南题材）
作者：济南·吴军等
趵突泉旅游产品（泉城济南题材）
作者：济南·吴军

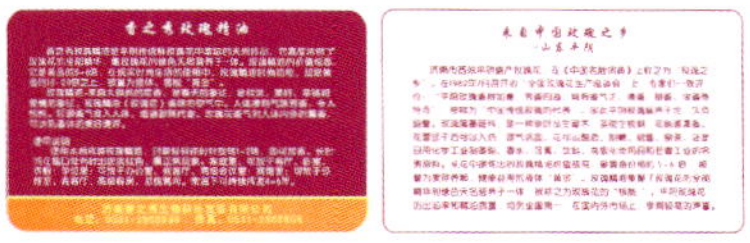

优秀奖

福牌、浪溪河牌阿胶系列
(泉城济南题材)
作者：济南平阴·杨福安、王京娥
(济南市旅游局选送)
泉之魂（泉城济南题材）
作者：济南·郭亮
济南景观剪纸（泉城济南题材）
作者：济南·阎铁鲁
(济南民俗艺术馆选送)
泉城旅游地图纪念品（泉城济南题材）
作者：威海·王涛
(威海市旅游局选送)
木鱼石茶具系列（泉城济南题材）
作者：济南长清·裴全亭
(济南市旅游局选送)
印象－趵突泉、千佛山、大明湖等
(泉城济南题材）三联鲁绣选送
玫瑰花精油系列（泉城济南题材）
(济南市平阴县旅游局选送)
济南72名泉台历（泉城济南题材）
作者：山东大学·易金、孟佳男

最佳 人气奖

核雕系列　潍坊安丘·马启德

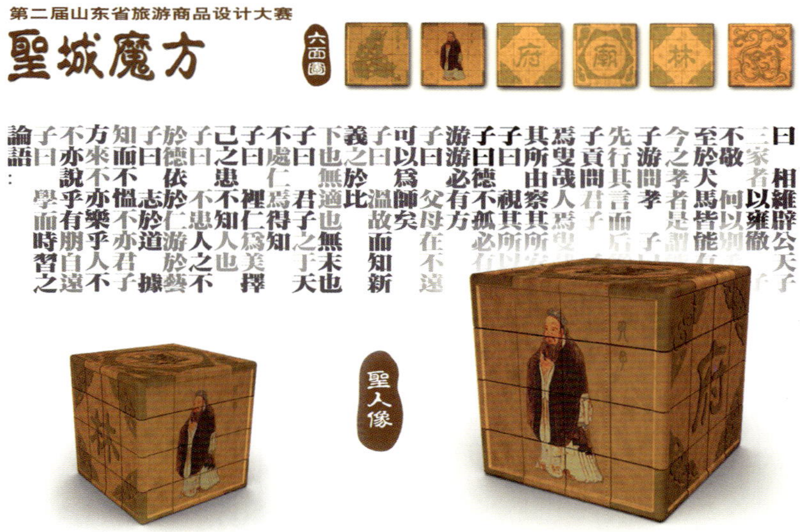

平面设计奖

齐故国纪念品系列设计

作者：淄博博山·崔德平

（淄博市旅游局选送）

圣城魔方

作者：济南大学·吴磊磊等

地毯设计图

作者：德州武城·李春青

（德州市旅游局选送）

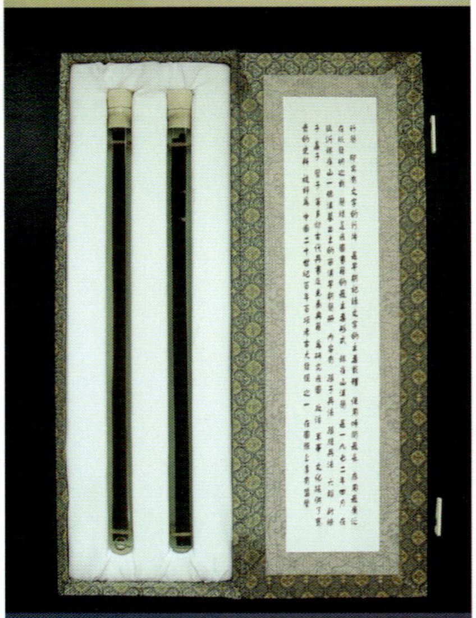

齐鲁特色时来运转笔筒 丁海霞
盒装老银元 张成建
倒流定量壶 王千钧
八卦壶 王千钧
乐在其中壶 王千均

九龙鼎式烫酒壶 王　雷
巨龙腾空提梁壶 王兴军
自得其乐壶 王千均
三叶虫化石仿古花瓶 丁永强
沂南徐公砚 袁俊生

泥塑手绘京剧脸谱 马加峰
银雀山汉墓竹简复制品 高永富
鸵鸟蛋壳工艺品 刘洪桂、胡兆宏

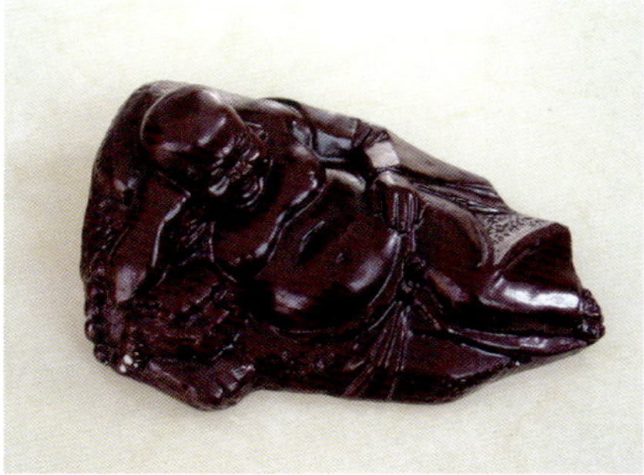

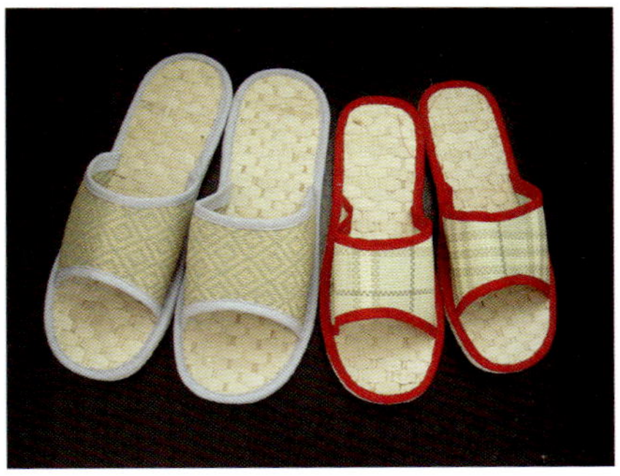

麦饭石—石碾、石磨 高保平、马绍海、公建华

徐公石—石碾、石磨 高保平、马绍海、公建华

独轮功劳车 毛现义

父辛爵（复制品） 张善久

三叶虫化石 赵玉花

英雄孟良崮木制组合插板 许　晨

铜制屏风《临沂圣贤图》 王云霞

天佛伏虎 王世勇

脸谱、木头人 樊继美

草鞋 吴淑平

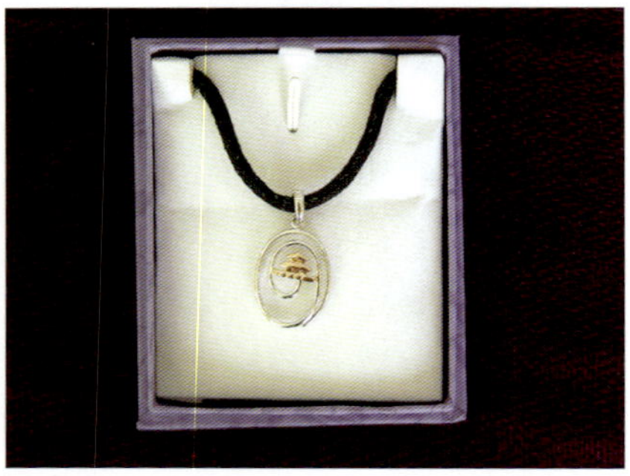

纯银寿星　王晓琳
沙绣　安剑秋
《威海藏珍》铜版画－胶东民居海草房
杨　琳

帆船之都
扬帆青岛
好运青岛
五月的风
土陶壶　辛崇志

沂蒙葫芦工艺瓢　张小岩、辛崇志
“二龙戏珠”双面雕刻屏风
孙立君
手绘绢扇《浮来揽胜》
孙立君、于兴祥、孙旭青、楚桂玲
兆启黑陶系列　苏兆起

太公在此　　张西华、陈为光、秦四刚

广云黑陶系列1　　卜光云

广云黑陶系列2　　卜光云

广云黑陶系列3　　卜光云

壁挂绣品

青岛微缩景观系列　　王久兴、张海玲

青岛风光冰箱贴　　张海玲

海螺动感喷泉　　王久兴、张海玲

《齐鲁八大名人》(剪纸)　　阎铁鲁

瓠壳工艺美术品　　李春光

龙山黑陶珍品　　张化生

“烟台历史八大名人”小屏风

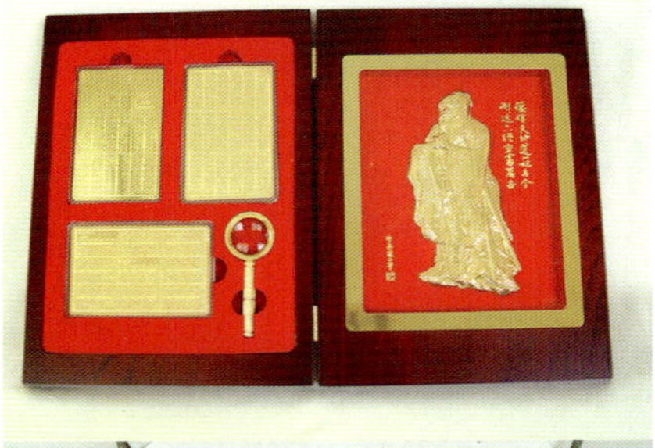

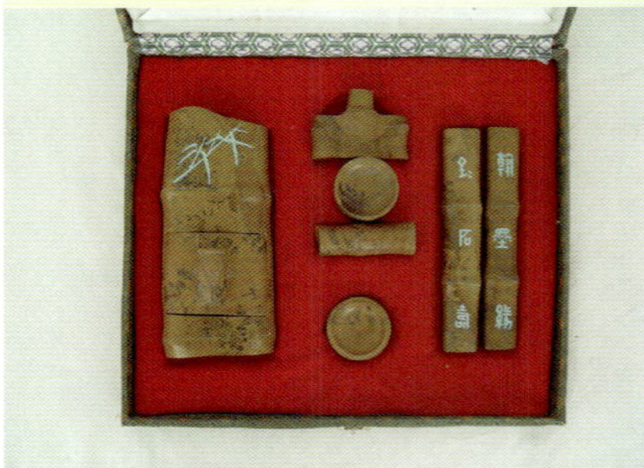

“烟台历史八大名人”纸镇
“天算平安”算盘挂件　　赵涛、刘明昌
“养生钟”　赵涛、刘明昌、孙福显
一山一水一圣人
集体创作：张锡洋策划监制　龚世星制作

三星如意
集体创作：张锡洋　策划监制　孔宪武　制作
先师孔子行教像　竹简论语
集体创作：张锡洋策划监制　孔宪武制作
壁挂先师孔子像　　　　　集体创作：
张锡洋策划监制　　龚世星、孔宪武制作

天宝九如　集体创作：张锡洋　策划监制
　　　　　　　　　　龚世星、孔宪武制作
先师孔子行教像　　　　　　　微刻论语
尼山套砚
论语金箔镇尺
名圣笔筒

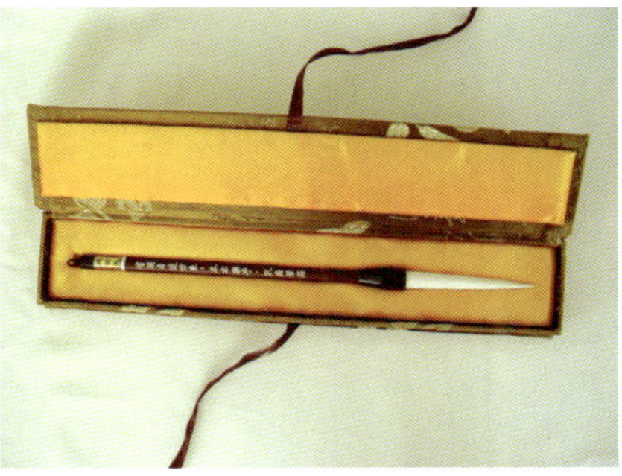

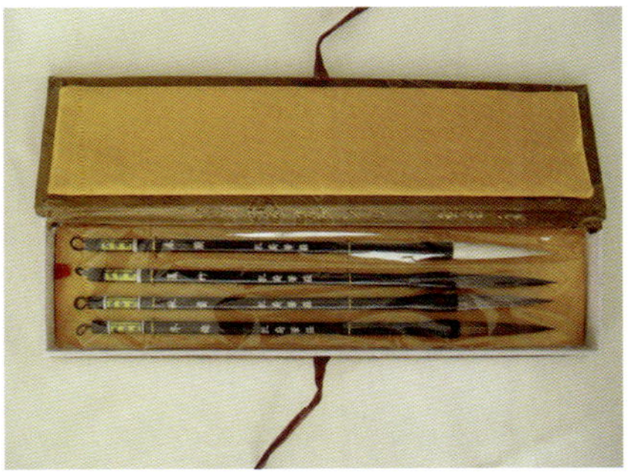

水晶孔子看盘
孔府银如意
山水圣人图　　赵经孝
古典线装《论语》

孔子双面绣
长峰毛笔
四君子笔
紫檀镇尺

壁挂孔子像
孔子香币
金碗有鱼
木雕孔、孟、颜、曾、子像

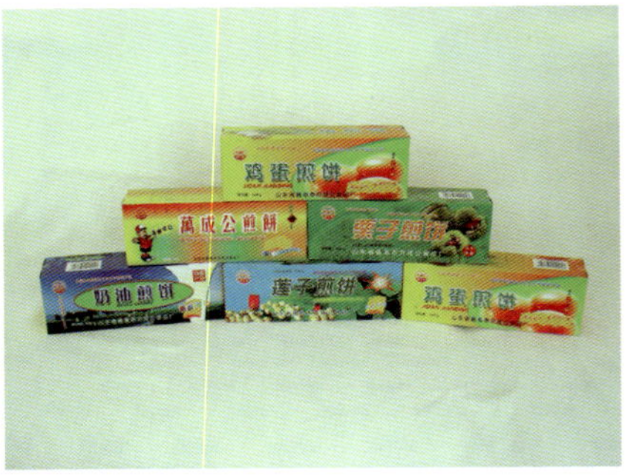

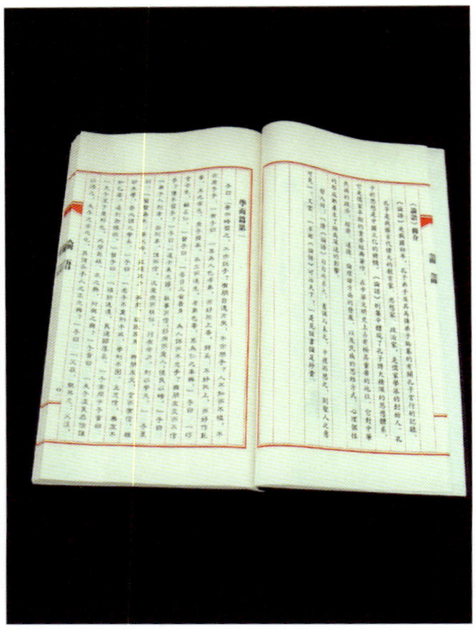

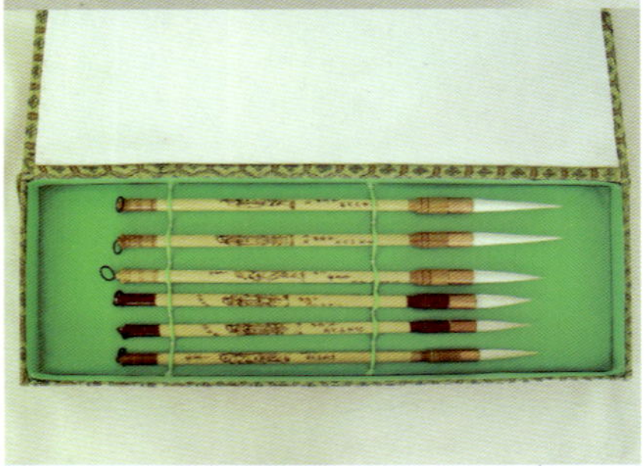

沉香狮子
六折孔子像
扶兴和笔
孔孟糕点

万成公煎饼
丝制论语 陈 兵
无题《婀娜多姿》 刘宗海

尼山砚 陈 兵
鼓乐升平《古泉遗韵》 刘宗海
山东好汉 刘宗海

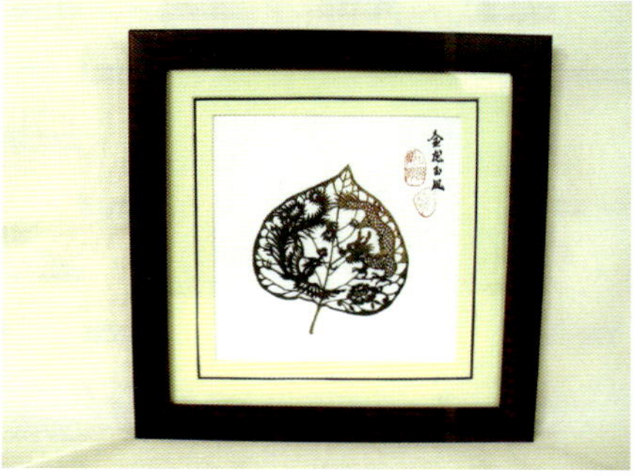

景泰蓝金箔石版画系列　李秀梅
福禄泰山　杨　锋
特色剪纸　都婉莉

树叶雕刻　都婉莉
（八仙）洞宾宝剑、戚继光宝刀　李万胜
布艺　崔建华
面塑系列　张福利

剪纸四大美女系列　栾月英
八仙过海剪纸　刘桂香
京剧脸谱
京剧脸谱表　陈　文

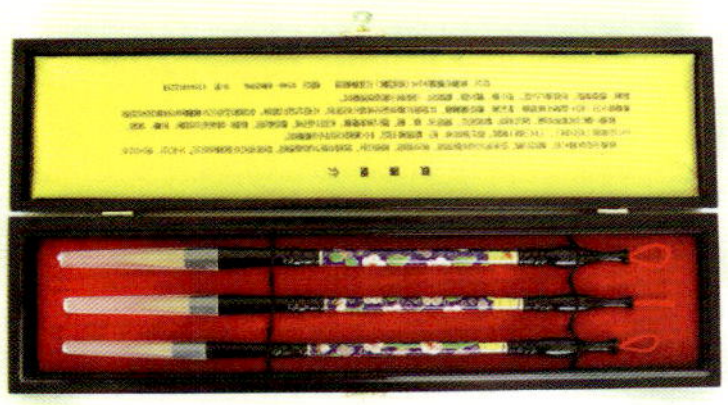

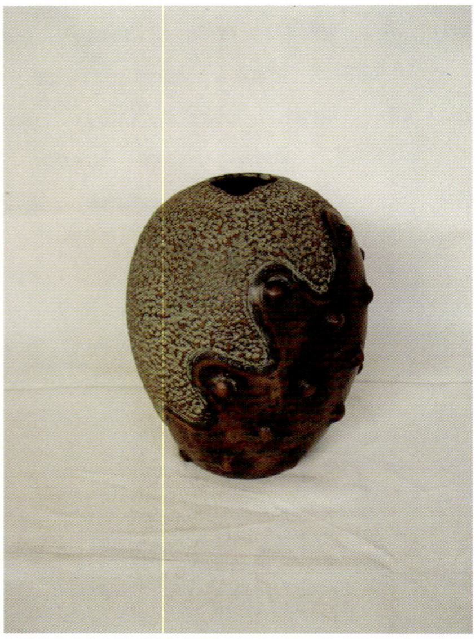

麦草工艺画（井架、开放的东营）

齐笔　陈　文

黑陶工艺品　陈　文

布艺生肖　陈　文

“青岛印象”系列沙雕旅游纪念品

中国沙版画《皮影》

中国沙版画《秦琼敬德》

德州宪利彩陶作品　王宪利

德州德旺精品丝绸系列　陈德旺

刻瓷《孔子与名言》　方丽琴

金石　于森东、丛金亮

金饭碗　王晓峰、于森东、丛金亮

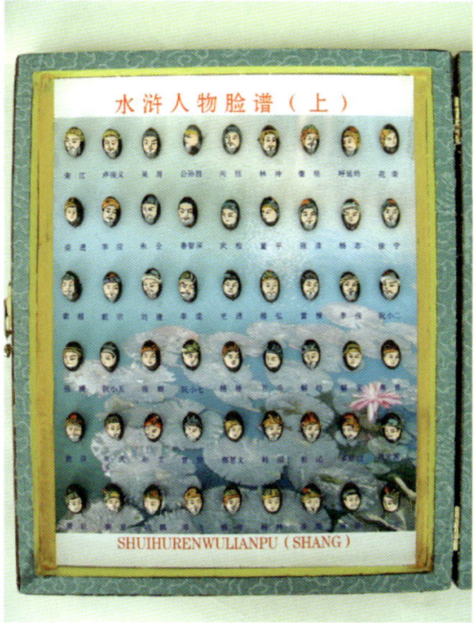

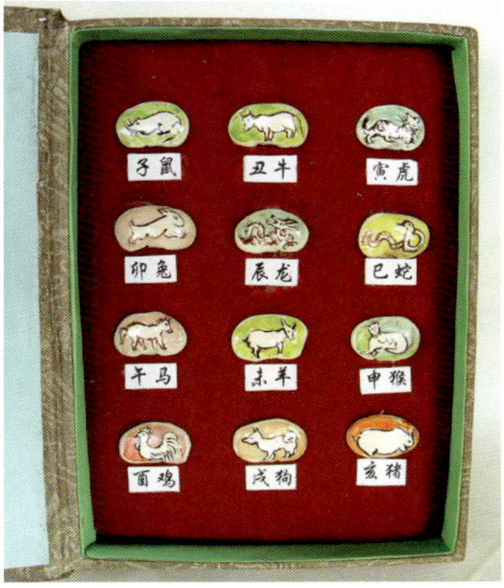

莲子彩绘108将肖像　侯庆佩
琥珀剪纸（杯垫、挂件）　宋敬科
桃木泰山北斗　程言贵
桃木富贵太平挂件　程言贵

汉武帝泰山枕　王　斌
核桃木雕刻“泰山核桃”　朱联文
木雕镶框“五岳独尊”　朱联文
木质拼花雕刻“泰山茶盒”　朱联文

竹茎雕“泰山南门”　朱联文
白玉蚕豆彩绘　侯庆佩
木雕摆件“泰山经石峪”　朱联文

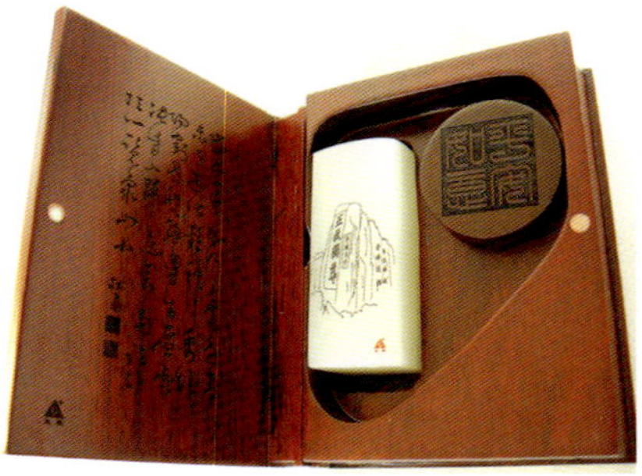

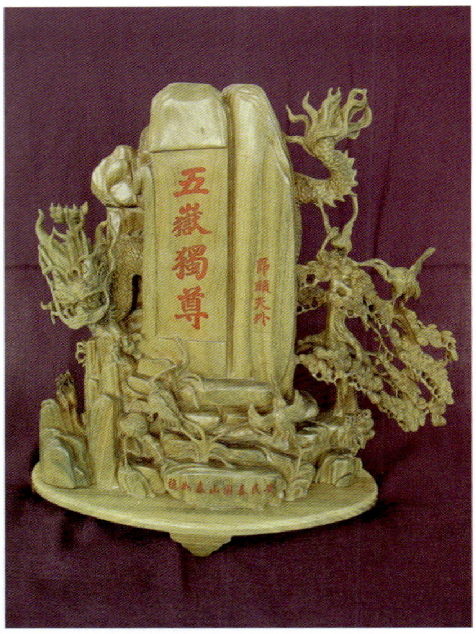

琥珀剪纸（杯垫、挂件） 宋敬科
《泰山邮票》水晶镇纸 李 祥
彩色泰山十景盘 李 祥
音乐泰山水晶球 李 祥

红木玉印书 李 祥
泰山景观琉璃浮雕笔筒 李 祥
“五岳独尊”树脂笔筒 李 祥
檀木雕系列（镇纸、五岳独尊、风景挂件） 李道群

檀木雕系列
（镇纸、五岳独尊、风景挂件） 李道群
伏黑土陶系列 1 甘致有、王玉平
伏黑土陶系列 2 甘致有、王玉平

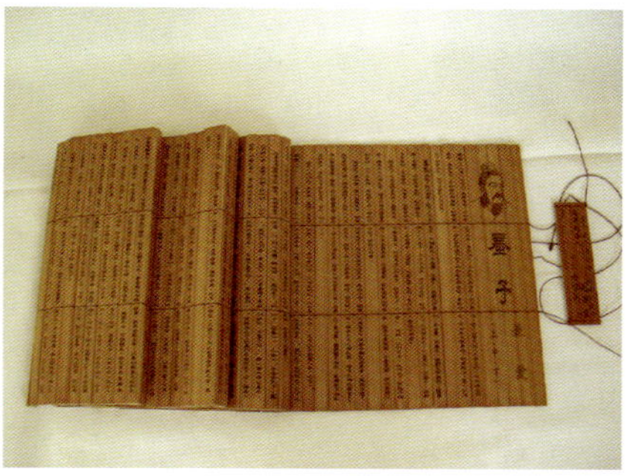

天然砚台（"铁道游击队旅游纪念""枣庄纪念"） 李忠洋

水晶屏风（冠世石榴园）

活瓷杯系列

"石榴杯""吉祥富贵杯""公鸡杯" 公司创作

夏荷茶具组 公司创作

郎世宁马 公司创作

石榴小吊饰 公司创作

壁饰系列 "全家福""事事如意" 公司创作

龙兴寺佛像复制品 张中兴、杨华胜

竹简《墨子》 高姬娜、高桂程

明赵秉忠状元卷复制品 张中兴、杨华胜

清明上河图复制品 张中兴、杨华胜

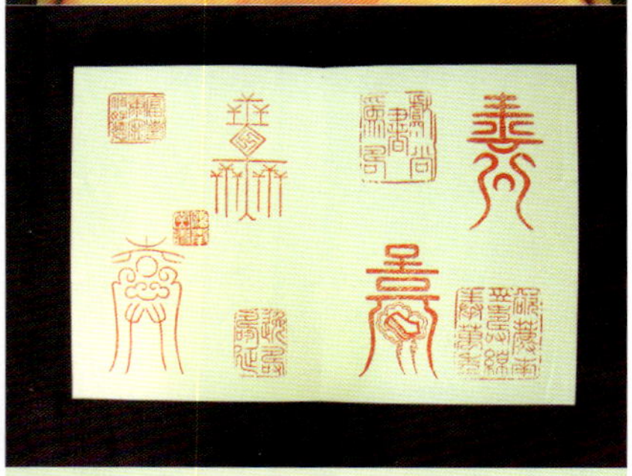

《李道人独步云门》金质版藏书 穆世生
佛、寿笔筒 穆世生
寿壶 穆世生
寿盘 穆世生

佛、寿纪念铜牌 穆世生
盛世观音
明状元赵秉忠篆刻百寿图
山旺古生物化石标本

风筝邮票镇尺 孙红岩
巨大诸城龙 武振家
鸭嘴恐龙 郭益良、王秀忠、周 冰
镂空花瓶 胡凤霞

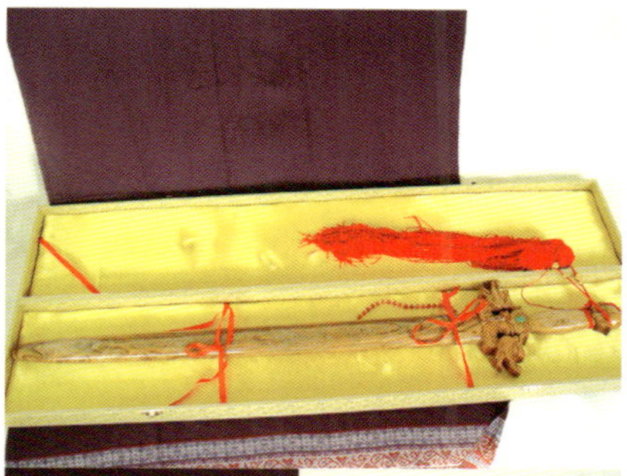

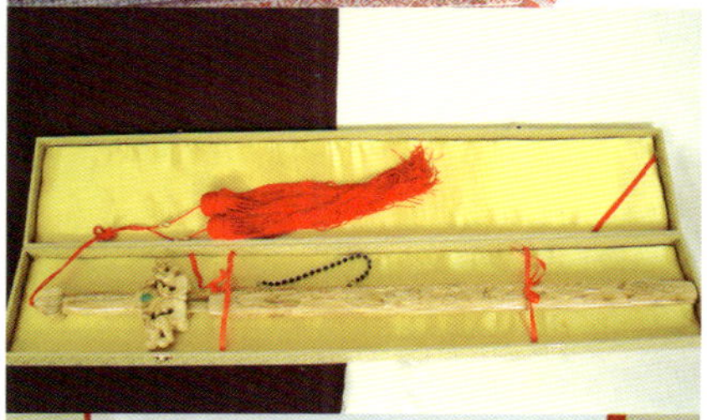

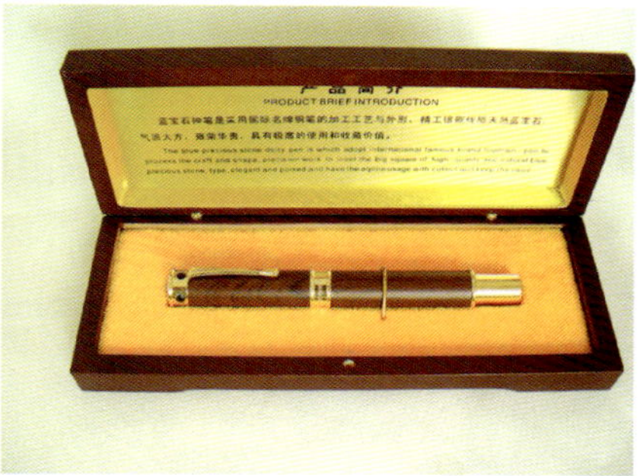

恐龙饰盘　刑修宗
蛋壳黑陶高柄杯　郭益良
嵌银漆器圆盘"三英战吕布"　王　云

嵌银桃木剑　程玉柱
蓝宝石桃木剑　程玉柱
天然蓝宝石雕件　中国宝石城管委会
天然蓝宝石口杯　中国宝石城管委会

天然蓝宝石钢笔
天然蓝宝石火机
天然蓝宝石腰带
925 银渡白金蓝宝石戒指
中国宝石城管委会

925银渡白金蓝宝石胸花、吊坠、手链　中国宝石城管委会

电动年画长卷《农家乐》　张殿英、张运祥

潍坊布玩具—老虎　林新颜

异形瓶苹果藏品

潍坊铸铜饰品　傅绍相

潍坊精品收藏风筝－八仙人物、中国四大美女　陈玉林

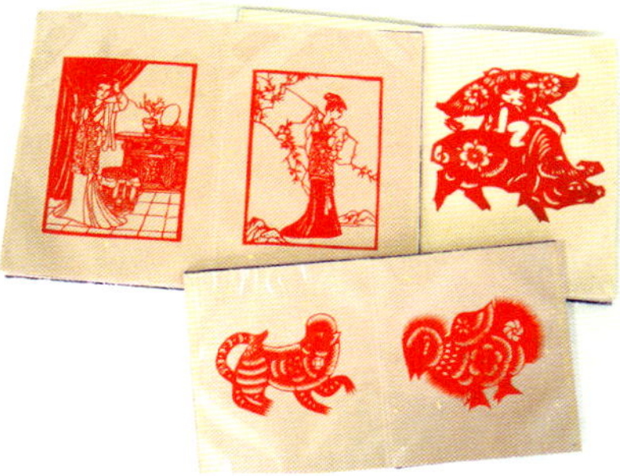

< 海魂 >

< 海族 >

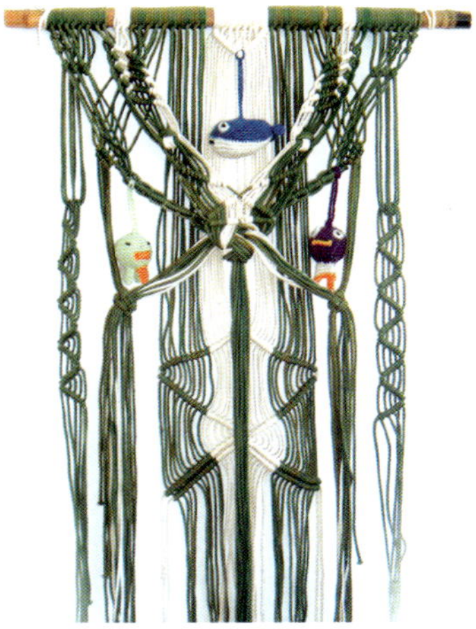

< 麻和魚 >

< 人物圖騰 >

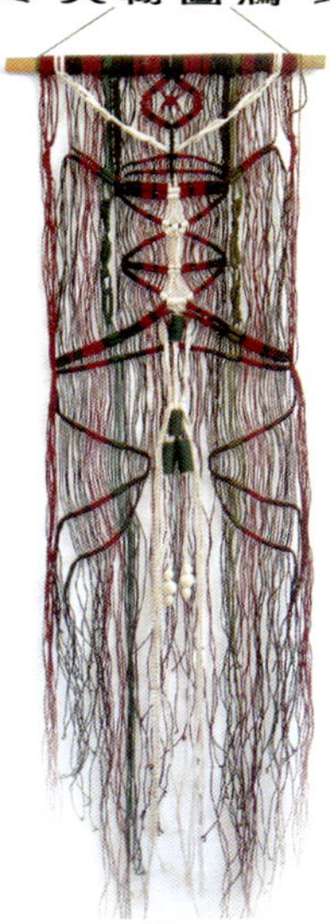

< 魚 >

< 紫裙 >

潍坊嵌银—名木六珍　　孟庆时等
潍坊剪纸—精装红楼梦人物等剪纸册页
高明贵、韩金栋、陈玉林
潍坊核雕　　刘文虎
潍坊仿古铜－小燕马　　李　宇
《小挂饰》　　王　涛

《海魂》　　王　涛
《海族》　　王　涛
《麻和鱼》　　王　涛

《人物图腾》　　王　涛
《鱼》　　王　涛
《紫裙》　　王　芳

《老山东旅游地图纪念品》 王 涛

潍坊风筝（传统微型套装）1盒套 陈玉林等

荷花鲤鱼 王海轩

趵突泉屏风 张 翔

动感趵突泉 张 翔

木雕李清照像

福禄泉城 杨 锋

秦琼烙画葫芦 路孟昆

微形剪纸：兔子王、钥匙链 王 涛

剪纸系列 张娟秋

蛋雕·泉城景色 徐天建

皮影：李清照、辛弃疾 李兴唐、李 卫

刻瓷艺术盘 张文成

微雕《济南七十二名泉》 张 军

烙画 趵突泉 董世禄

“山、泉、湖”泉城之韵纸雕工艺品 王忠于

泉城魂 蔡龙彪

山东面塑：泉城名士 李 军

“泉甲天下”高级礼品 盖吉峰、王 毅

景泰蓝金箔石版画泉城系列 李秀梅

刻瓷李清照系列 方丽琴

树脂雕刻“泉韵” 马永忠

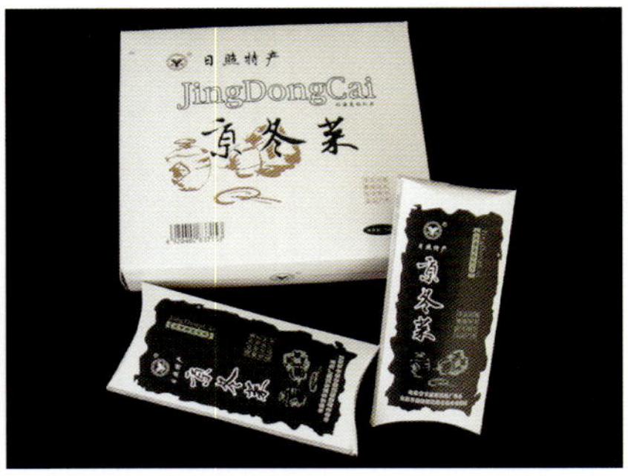

《泉城之旅》　王　涛
熟干裙带菜　连承财
宋家猪蹄王　张启斌

“金盛泉”系列产品
金三岛即食海蜇　王桂春
京冬菜　丁兆波
茗家春茶
刘加强、刘召贤、王鹏、李燕、王丽丽
芦笋茶　陈　文

罗布麻茶　陈　文
竹筒白兰地　于　波、张德军、迟培红
DIY 张裕竹筒白兰地
于　波、张德军、迟培红
藏　于　波、孙献乐

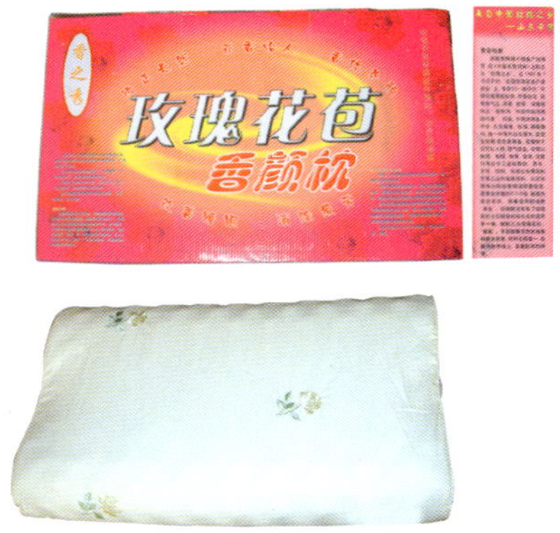

红与白　　于　波、孙献乐

齐鸿石榴酒　　陈百祥

精品石榴红　　陈百祥

茶神—石榴养生茶　　陈百祥

中华天浆　　陈百祥

品维天然果蔬片

玫瑰香枕

鲁锦（全棉手工提花精纺）猫蹄纹双带休闲挎包　　路维民、张　勇

手工鞋垫（滨州）　　付名观

凡人香瓜子的环保包装袋　　方传亮

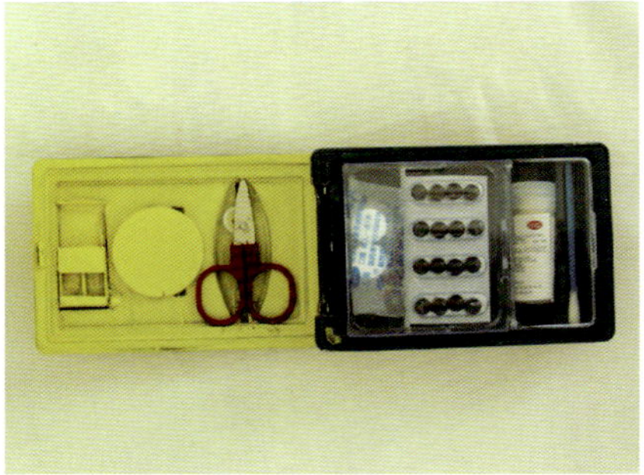

“旅友”多功能袖珍盒　赵　涛、刘明昌

年画扑克　杨连军

《名人与名泉的故事》　陈衍涛

泉城风光扑克

赵经孝、李传福、芳丽、刘江平、徐建设

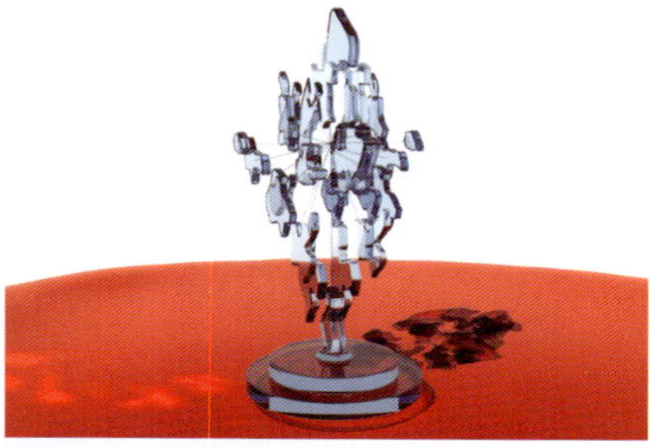

“济南名泉”扑克　盖吉峰、王　毅

齐鲁黄金珠宝文化风采（音像、图书）　杨国香

冰心齐鲁

旅游观光手电筒　王玉伟等

醒狮地毯设计图　张洪年

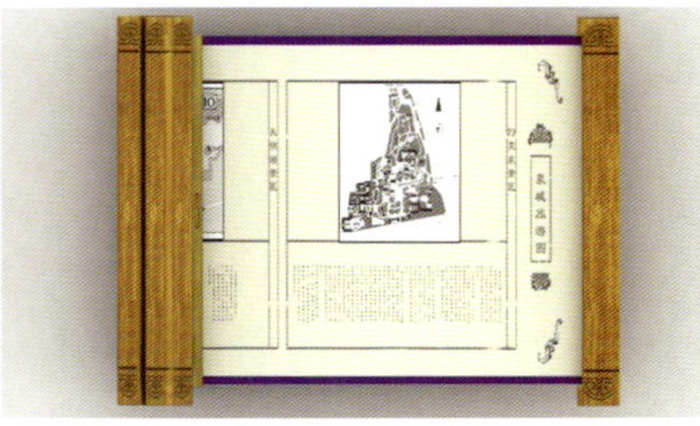

卷轴地图

陶传伟、陈永泽、高思、孔典雯

明风红木办公台系列设计　陈淑光

木雕月历系列设计1　陈淑光

泉之韵（录音带）　温广东

“西霞口旅游杯”
第三届山东省旅游商品创新设计大赛

“西霞口旅游杯”第三届山东省旅游商品创新设计大赛由山东省旅游局和中国西霞口集团主办，山东省旅游商品开发服务中心、西霞口旅游总公司承办，济南旅游商品销售中心协办，于2005年9月-12月在济南举行。大赛继续采用”浓郁的山东特色，厚重的齐鲁文化“为总主题，参赛范围包括旅游纪念品、工艺美术品、民俗用品、民间艺术品、文化艺术品、土特产品、旅游日常用品和平面设计作品（限旅游商品题材）。

大赛共征集作品1005件，共评出特别大奖1个，金奖6个，银奖14个，优秀奖69个，另外有13个单位获得优秀组织奖。山东省旅游局副局长陈向群、山东省旅游商品开发服务中心主任贺思旭、山东省民间文艺家协会常务副主席王映雪、山东轻工业学院艺术设计学院副院长张伟教授、山东大学工业设计系主任刘和山教授、山东工艺美术学院现代手工艺学院院长吴永福教授、山东大学工业设计系张纪群讲师担任此次大赛的评委。

大赛参赛作品现场展示于2005年12月9日－14日举行，有五万观众到现场参观，省人大副主任曹学成、副省长孙守璞、省政协副主席乔延春等领导亲临作品展示现场并出席颁奖典礼。

优秀组织奖：

济南市旅游局

淄博市旅游局

烟台市旅游局

潍坊市旅游局

泰安市旅游局

威海市旅游局

日照市旅游局

临沂市旅游局

德州市旅游局

聊城市旅游局

曲阜市旅游局

山东陶瓷工业协会

潍坊市工艺美术协会

特别大奖

趵突泉布艺系列

作者：栾峦、孙艳丽

金奖

长勺之战茶叶罐

作者：王千钧

金奖

潍坊布玩具狮子、老虎、布艺系列

作者：王爱云、陈君德、张 辉、王长春、

高 朋

金 奖

手工拉坯蛋壳黑陶套杯

作者：王宪利

金 奖

醉玫瑰

作者：于波

金奖

鲁锦用品系列

作者：路卫民、王建军、马爱梅、王传阳、李秀娟

我登上了泰山　桃木胸前挂饰1

我登上了泰山　桃木胸前挂饰2

我登上了泰山　桃木胸前挂饰3

登上泰山
一生平安
桃木胸前挂饰1

登上泰山 一生平安　桃木胸前挂饰

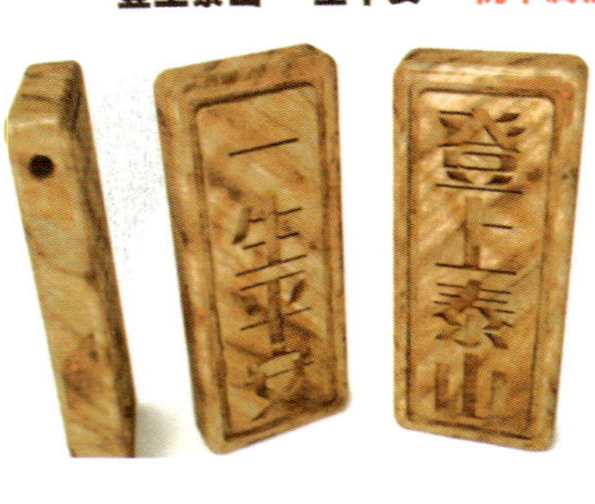

金奖

登上泰山一生平安系列

作者：王伟强、王伟伟

银奖

旅游纪念品类：

登泰山，保平安

作者：魏元庆

博古套七文具

作者：商克功

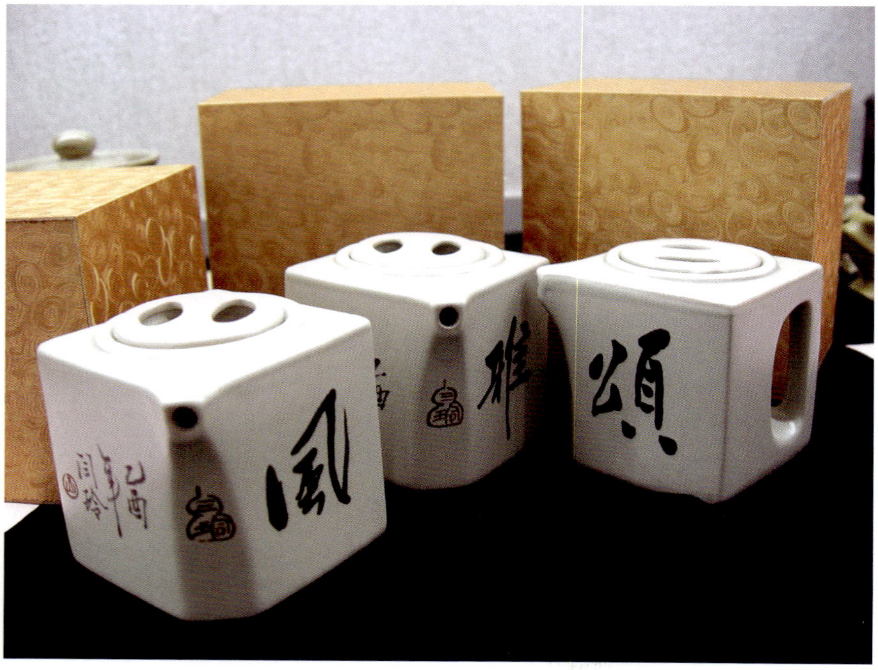

银 奖

工艺美术品类：

孔子内画球系列

作者：孟玲、陈英

风雅颂小方壶

作者：闫玲

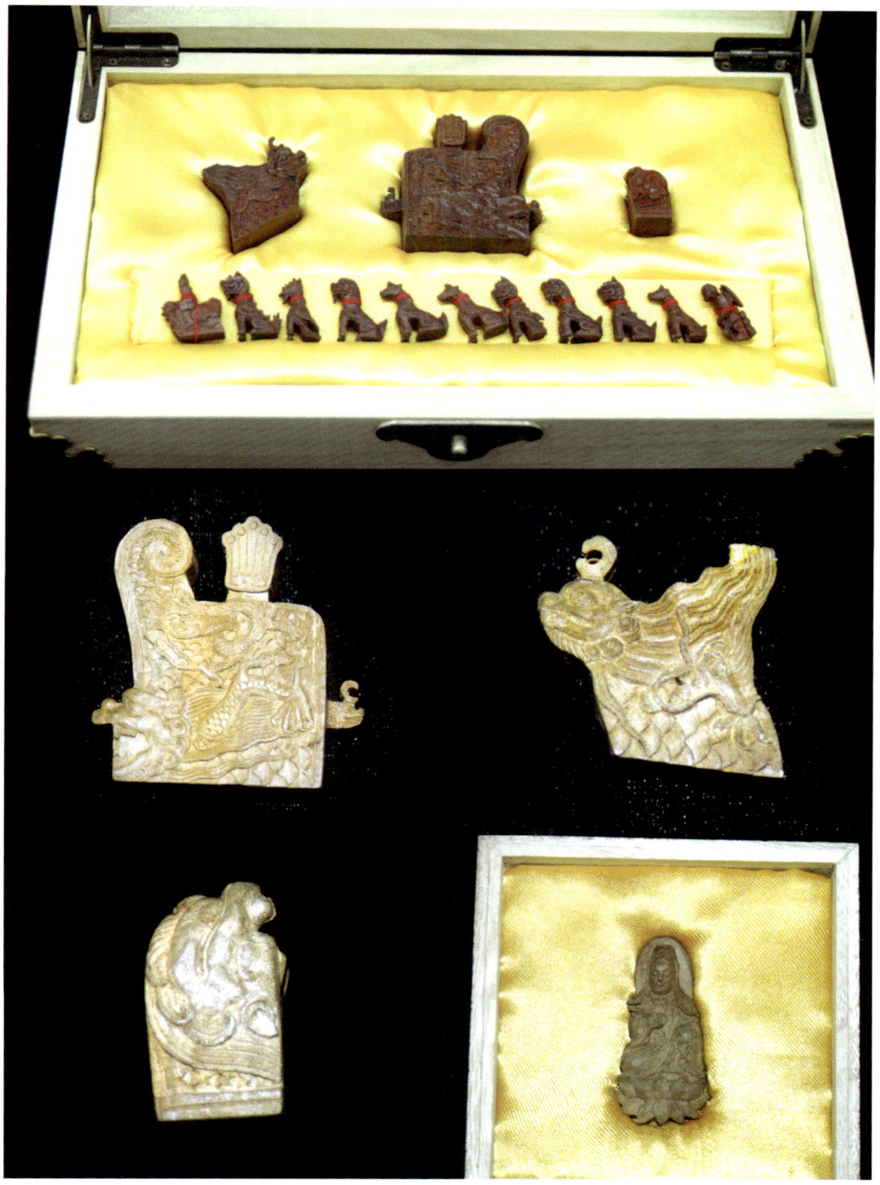

银 奖

民俗用品、民间艺术品类：

微型木雕

作者：刘志勇

核桃雕刻《当代百壶谱》

作者：马启德

银奖

文化艺术品类：

《孙子兵法》竹简复制品

作者：刘贵锋

“泰山神”水晶铸雕文化艺术品

作者：宋昌华

银奖

土特产品类：

泰山女儿茶系列产品（特级）

作者：泰安市泰山女儿旅游商贸有限公司

“大染坊”纯棉产品

作者：夏春光

银奖

旅游一般用品类：

麦草手工扇

作者：李秀珍

皇明太阳能手电筒

作者：曹春峰、王萍

银 奖

平面设计作品类：

肥桃节宣传海报《世外桃源》

作者：韩琳

泰山“东岳庙会”旅游纪念品系列

作者：宋昌华

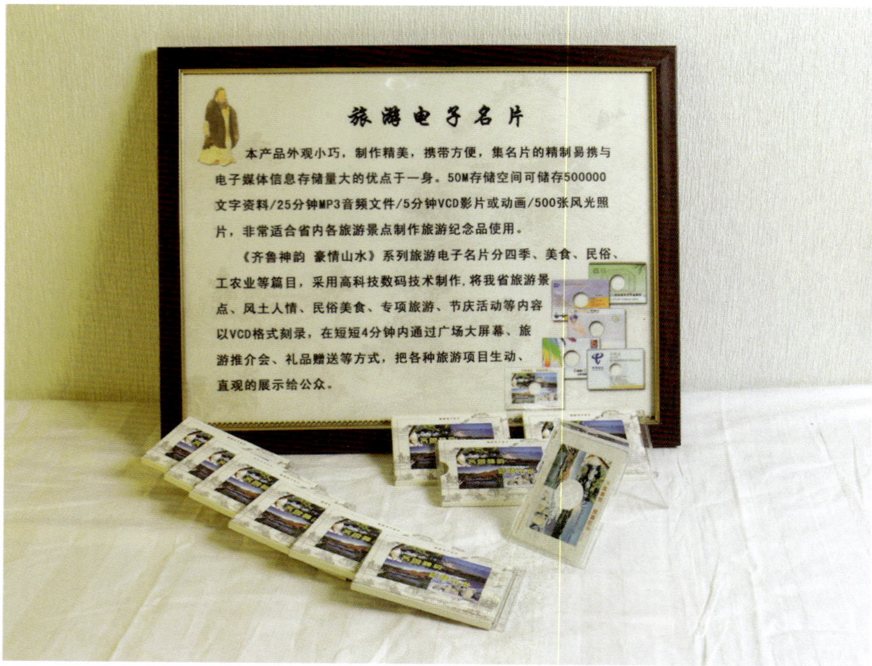

优秀奖：(69个)

旅游纪念品类：

“福”文化系列旅游纪念品

作者：赖冰梅

《青岛印象》旅游纪念品系列

作者：刘俊谦

莲花百宝

作者：徐娟

旅游电子名片

作者：曹志刚、曹志鹏

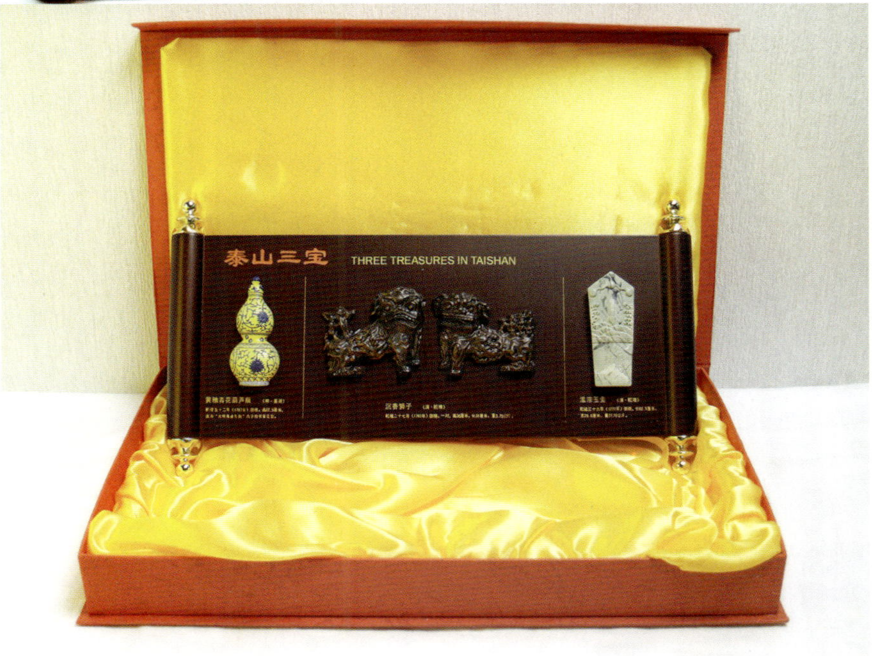

优秀奖

大明湖牌坊

作者：刘奎

济南七十二名泉长卷

作者：郭亮

泰山三宝冷瓷摆件

作者：李祥

优秀奖

铁铸蒙山魂
作者：曹进金
释塔－灵岩寺系列旅游纪念品
作者：刘红
潍坊风筝
作者：陈玉林

优秀奖

工艺美术品类：

陶艺壶系列

作者：尹宝亭

乾唐轩摆件系列

作者：枣庄北钛河陶瓷有限公司

优秀奖

《山城》、《乡风》刻雕壁饰

作者：高承传

潍坊嵌银《文具系列》

作者：王爱琴、陈斌、臧万里、陈君德

泰山火点画泰山风景（系列）

作者：苗强

蹴鞠金字塔

作者：于维平

乾唐轩吊饰系列

作者：枣庄北钛河陶瓷有限公司

优秀奖

皇明太阳能蜻蜓

作者：曹春峰、王萍

花器

作者：方益鸣

小拳手

作者：任国栋（淄博）

民俗用品、民间艺术品类：

面塑－庭院深深萧幽幽、女娲补天

作者：吕红

优秀奖

“泰山红”特色服饰产品

作者：孙玉英

刻瓷作品系列

作者：刘效

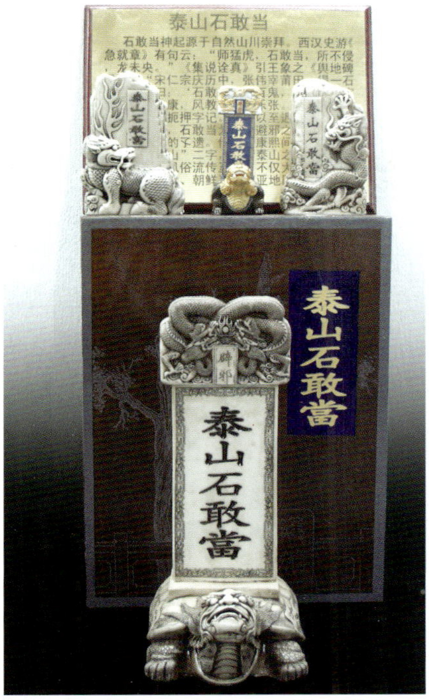

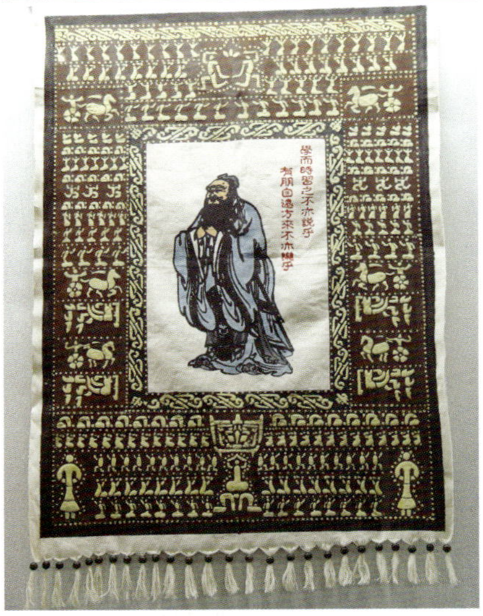

优秀奖

驮碑泰山石敢当摆件
作者：牟英俊
布艺－孔子
作者：王伟、张圆圆
天官赐福
作者：王璐
八仙佑福
作者：王磊、郭燕
秦琼敬德
作者：颜克臣

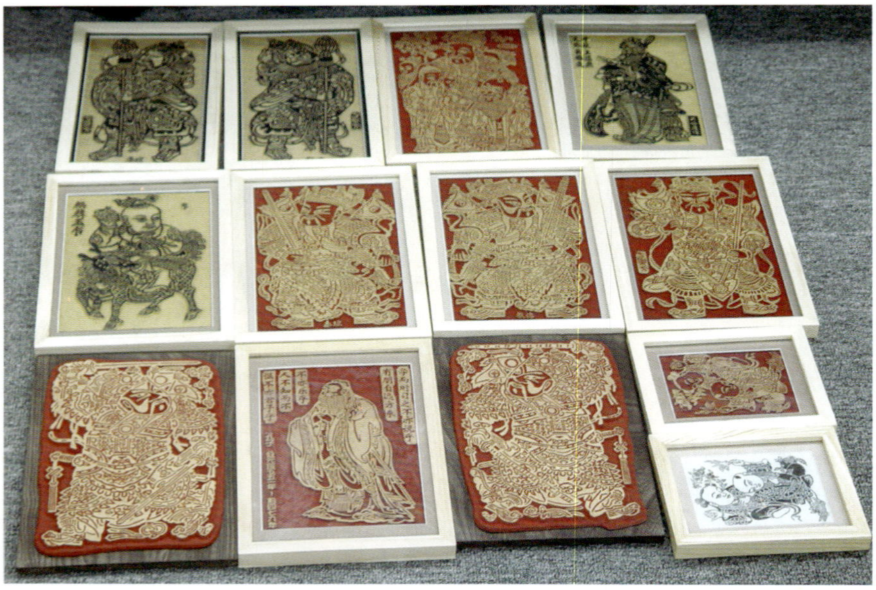

优秀奖

麦秸画系列

作者：仲继坤

《中国民艺吉祥如意》雕版系列

作者：刘俊谦

文化艺术品类：

吉祥缸

作者：王千钧

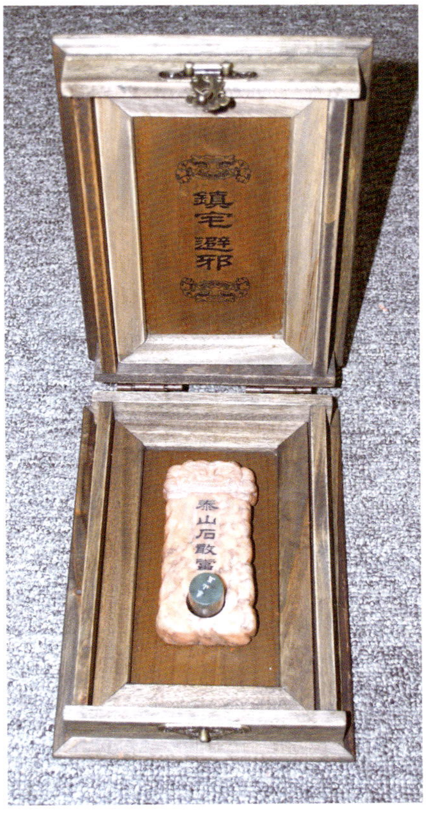

优秀奖

茶叶末釉刻瓷文具
作者：陈贻谟、李钦宝
泰山石敢当玉印
作者：李祥
蹴鞠内画笔筒
作者：马国庆
红丝石砚台
作者：刘希斌

优秀奖

龙山魂黑陶系列

作者：刘德功、田景峰

泰山经石印－中国万岁

作者：邹宗玉

优秀奖

龙纹嵌银丝镇纸、淄博内画珍品包装、精品沙燕风筝包装

作者：刘键、唐伟、张昊

轻舟已过万重山

作者：姜云成

土特产品类：

老万牌富硒章丘大葱

作者：万守杰

张裕小酒版

作者：于波

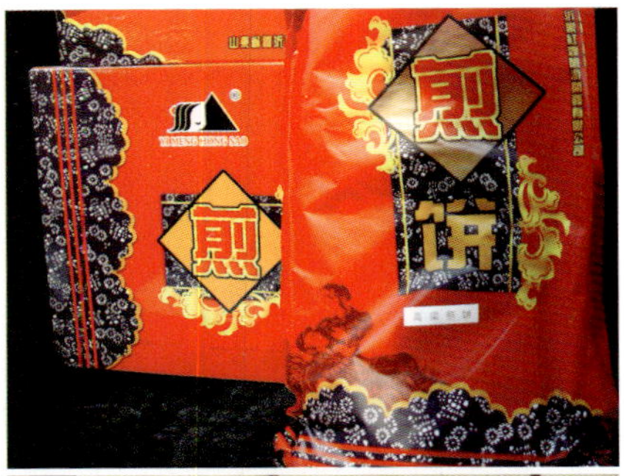

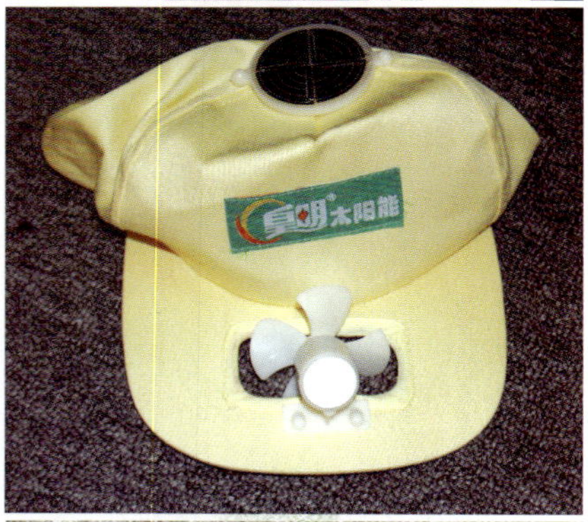

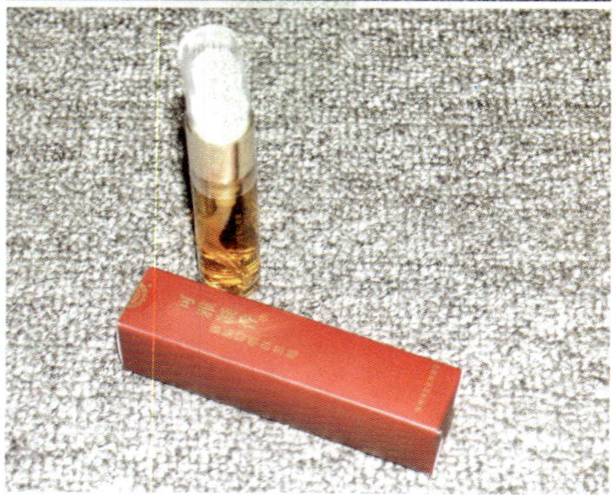

优秀奖

武大郎炊饼

作者：李兆安

微山湖土特产包装设计

作者：沈锐

泰山白花丹参

作者：张瑞国

赤灵芝

作者：沙元峰

金枪鱼海带卷

作者：曲光伟

沂蒙红嫂煎饼

作者：来小龙

泰山经典果仁酥、泰山六大珍品包装设计　　作者：郭承东

中信牌泰山灵芝茶孢子油系列产品

作者：王俊清

旅游一般用品类：

皇明太阳能风帽

作者：曹春峰、王萍

“可雅凝香”（张裕口喷白兰地）

作者：于波

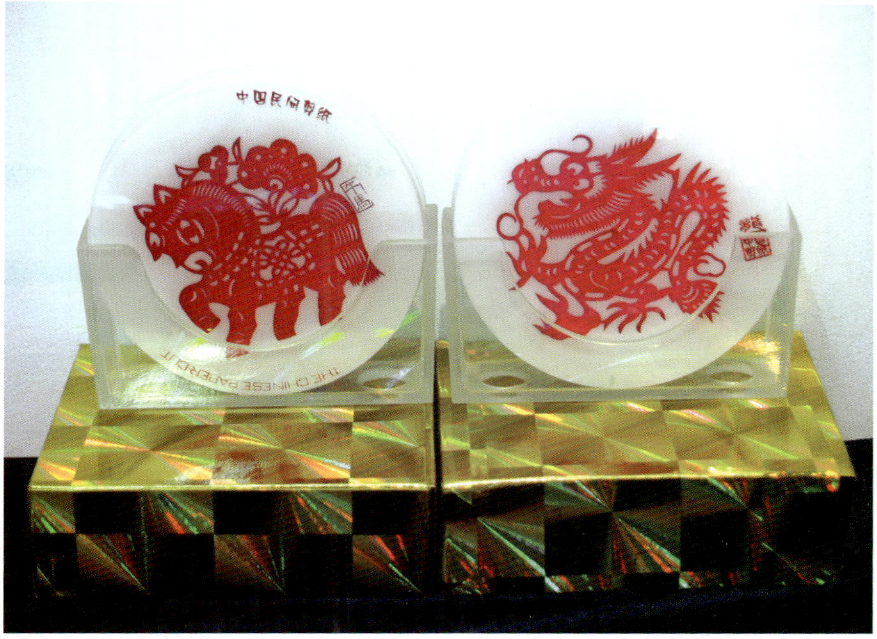

优秀奖

泰山琥珀剪纸

作者：宋敬科

电子健康称

作者：米西玲

“求知”圆雕组合订书机

作者：朱联文

京剧名片盒

作者：丛金亮、刘纯庆

优秀奖

纯银保健杯系列

作者：丛金亮、刘纯庆

泰山葫芦娃

作者：朱联文

花语（台布）

作者：曲英珍、邢赛楠

茶包装

作者：张晓岩、辛崇志

平面设计作品类：

潍坊风筝

作者：徐娜子

山东十景旅游纪念表

作者：彭彪

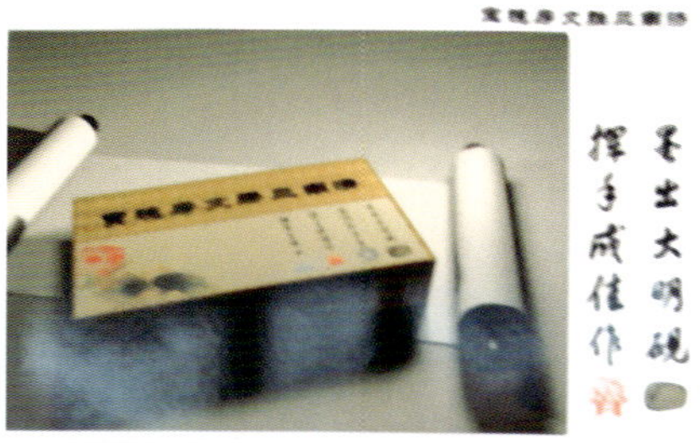

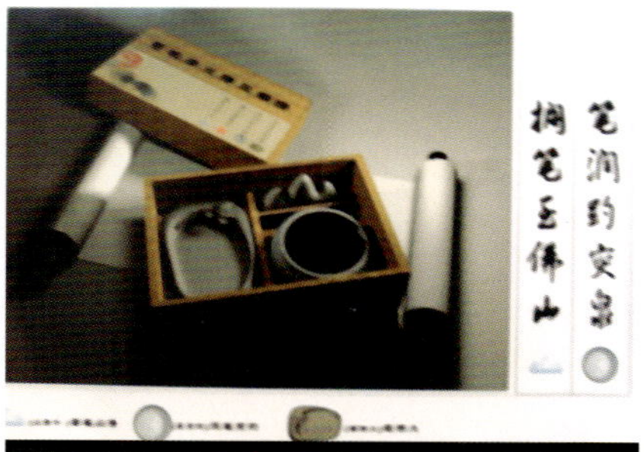

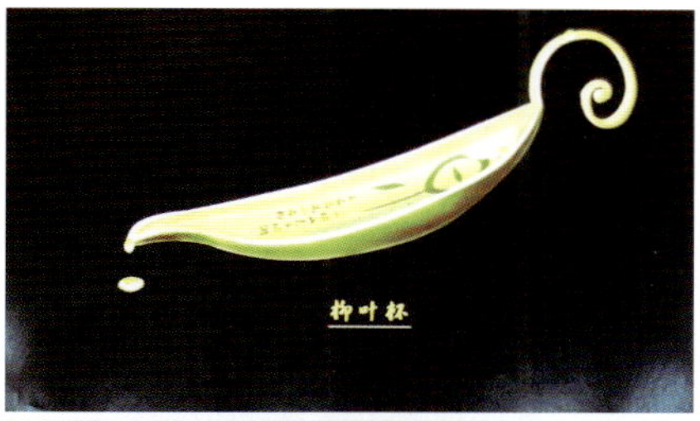

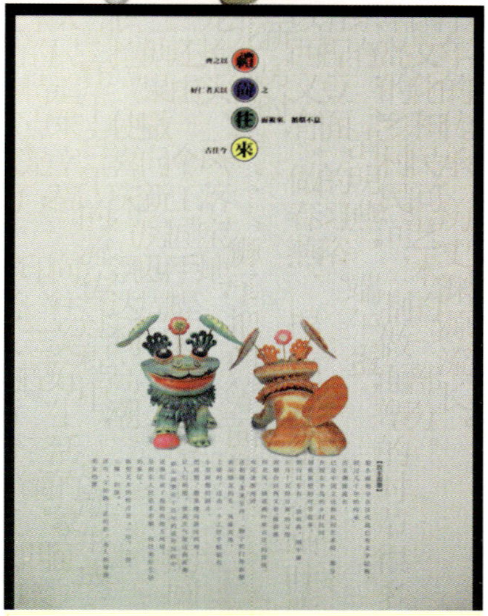

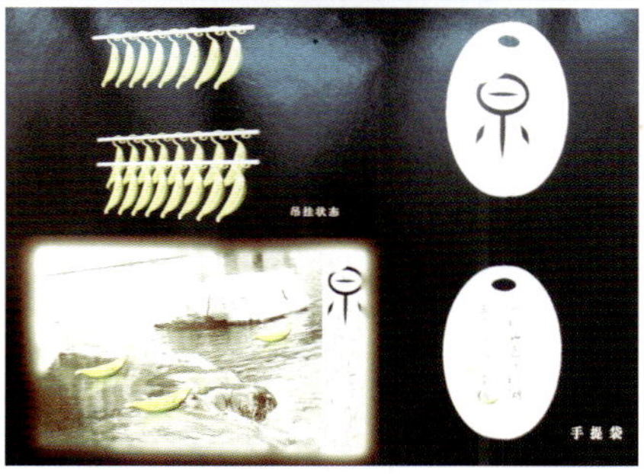

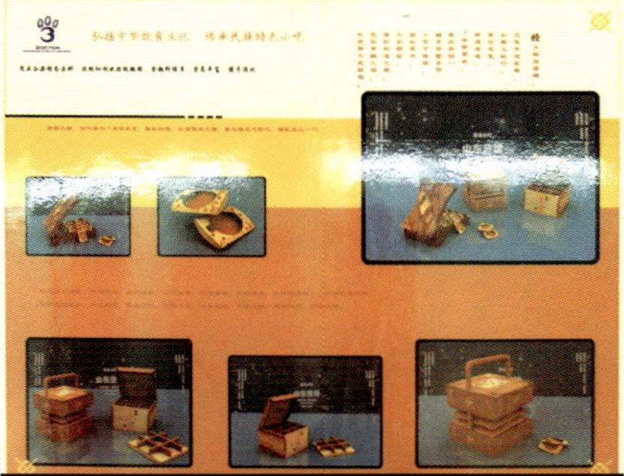

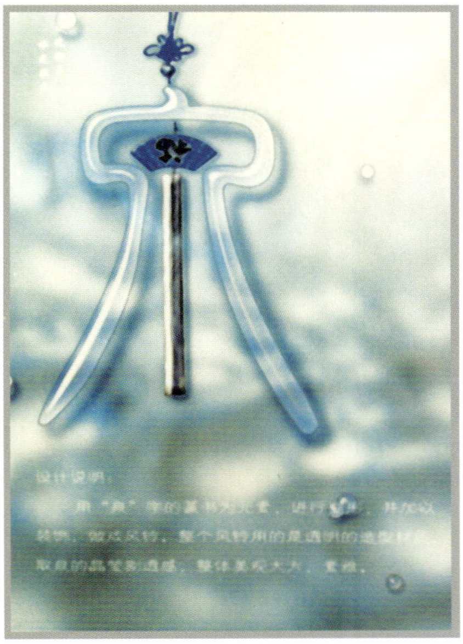

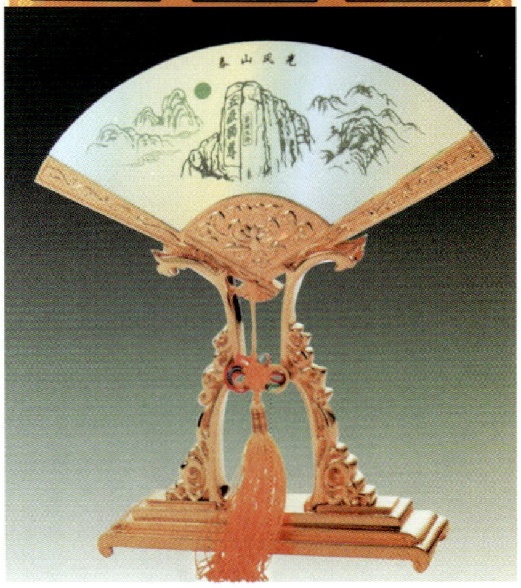

优秀奖

山东风光茶具

作者：彭彪

山东特色剪纸

作者：高菲

《柳叶杯》

作者：李文晶

《泉声》

作者：张璐

济南三胜文房瑰宝

作者：苏琳

“礼尚往来”

作者：潘绍华

《山东煎饼》包装设计

作者：王震、王凯华

“山东风光”琉璃工艺品

作者：彭彪

魂厚济南—泉城路北 马 峰
长勺之战纪念章 王千钧
荷花珠宝盒 伍志巍
清幽 伍志巍

泉 伍志巍
齐鲁风采茶叶罐 宫淑贤
孔圣人像 刘德功、田景峰

四大泉群袖珍礼品盒 郭 亮
清照咏泉（香熏） 刘德功、田景峰
齐鲁之魂 刘德功、田景峰
章丘风韵 刘德功、田景峰
百脉泉韵 刘德功、田景峰

水晶立体成像　房桂岭

《趵突泉》水晶内雕　房桂岭

黑陶－李清照　张国庆

黑陶—书房三件　张国庆

黑陶—精品合璧小二件　张国庆

黑陶—世纪宝鼎　张国庆

六件套精品黑陶　郑茂森

三件套精品黑陶　郑茂森

黑陶编钟　闵　伟

洙泗书院之《入泮》　孔　建、孙大鹏

烙画蒙山宝葫芦—寿比蒙山　陈庆贵

烙画蒙山宝葫芦一蒙山寿星　陈庆贵

趵突泉景观微缩火锅　刘持山

齐鲁旅游景点民间社火脸谱挂饰

[家居挂件、汽车挂件等]　侯志新

泉城印象系列　孙善坤

九龙陶瓷万年历　李安堂

烙画葫芦　丁春华

丹福兜儿　赵伟丹

《济南泉神一鲍全》　蔡志明

《天下第一泉》　邓君秋

毛猴《拉二胡》 杨凤岩
泰山冷瓷十景盘 李 祥
葡萄酒伴侣 于 波

泰山冷瓷雕塑 李 祥
泰山音乐旋转水晶 李 祥
水晶书镇 王新国

泰山十二景书盒
胡鹏飞、王宗超、田 博
叶脉书签 安福来
标本卡片 安福来
水浒魔方 张 雷
济南七十二名泉印册 魏长发

蹴鞠雕塑　马国庆
福娃游山东　张路华、张　雁、王亮、张维刚、朱光明、从艳辉、郑玉慧
彩银纪念币　于维平
“一山一水一圣人”茶叶罐　彭　彪

龙山黑陶珍品
系列 1 －中国龙山黑陶（书形）
系列 2 －六扇屏（博古架）
系列 3 －李清照
系列 4 －孔子
系列5－中国龙山黑陶珍品　张化生

“齐鲁名士”相册　郑艳丽
佛光普照　郭　超
“泉城”济南　任　妍
龙山魂　李曰厚

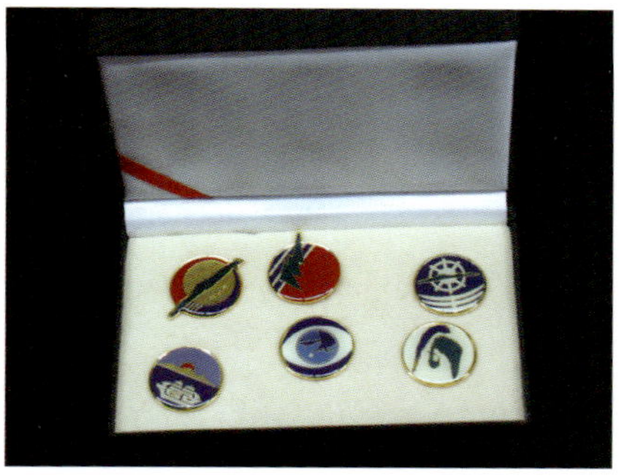

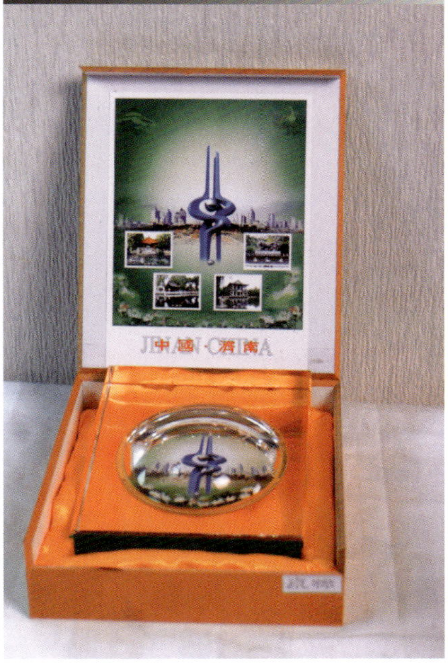

刘公岛纪念章

丁香阳、周德刚、王　君、王　源

旅游纪念币　刘巍峰

《大乳山休闲旅游度假区》纪念币　张　浩

贝类耳环　许　燕

孔府旅游钥匙扣　李安堂

庆典纪念品　张锡洋

孔府银如意　张锡洋

论语微雕珍宝　张锡洋

孔子杏坛设教绢屏　张锡洋

先师孔子绢屏　张锡洋

《济南风光》镇尺　于汝和

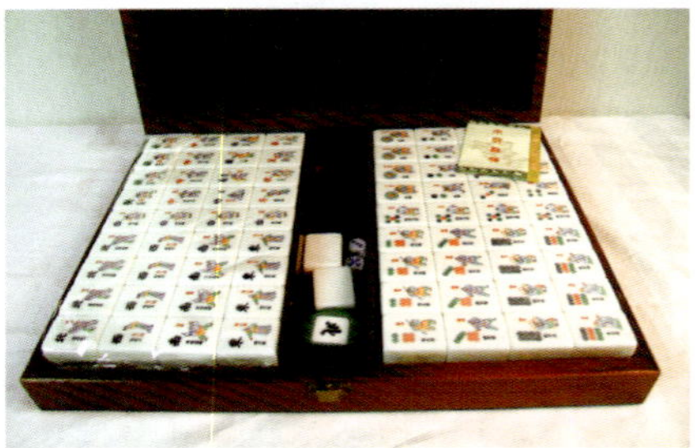

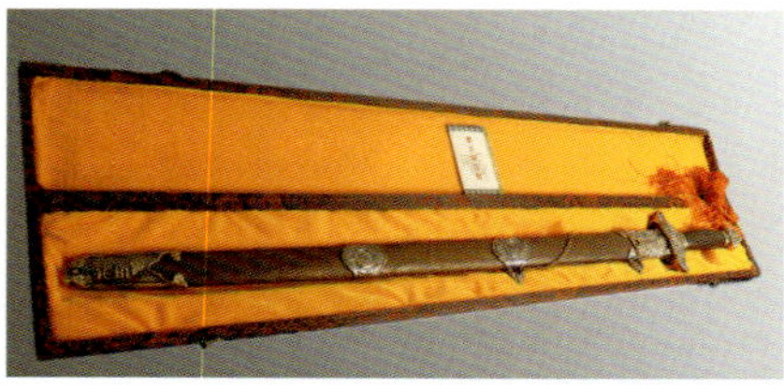

《山、水、圣、人》、《济南四大名泉》彩色纪念币章　于汝和

金苹果　丛金亮、刘纯庆

金都吉祥物　丛金亮、刘纯庆

金都标志　丛金亮、刘纯庆

长岛天然海石画　吴忠波

中国水浒麻将　谭宝剑

水浒扑克　谭宝剑

忠义宋江剑　谭宝剑

月是故乡明　曹进金

太行秋韵　曹进金

蜈蚣风筝（五动态串式风筝）　张效东

蜈蚣风筝（中型）风筝　张效东

盘鹰风筝　张效东

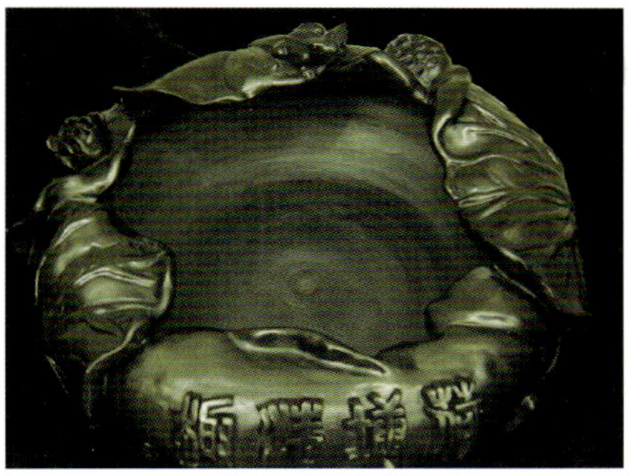

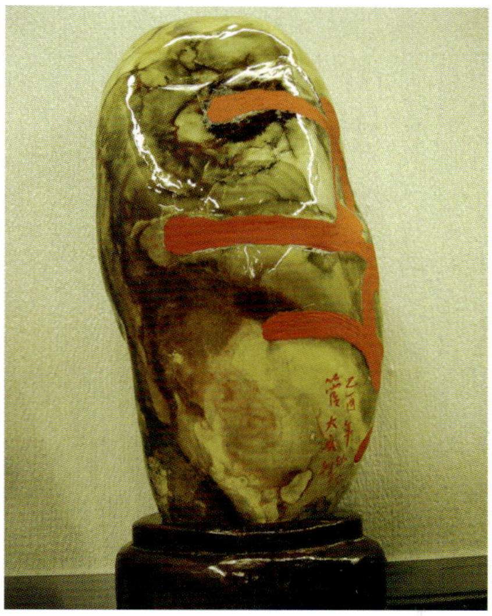

姜牯石雕“孔子授艺”（孤品）　陈登棋
荷塘清趣　田景峰、刘德功
姜牯石雕“贪食者”（孤品）　陈登棋

姜牯石雕“和平女神”（孤品）　陈登棋
龙　靖相朋
连心锁　田景峰、刘德功

石刻　管大庆
荷韵　贾　莹
孔子六艺图　孙大鹏、孔　建

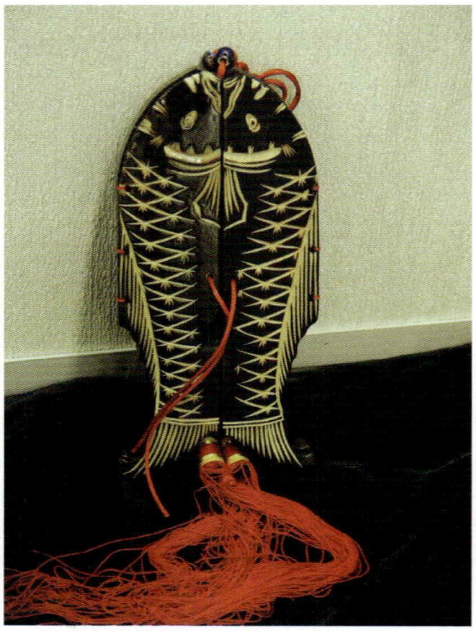

龙　贾　莹

清照赋词　贾　莹

虎　贾　莹

诸葛亮智慧扇　王民起

桃木剑　赵西良

浮雕青龙盘　王能升

齐鲁文化—蹴鞠图　王　婷

茶叶沫釉系列—山水图、牡丹图　王　婷

婚庆礼盒　谭文杰

双鱼挂饰　赵　倩

工艺盘竹节提梁壶　裴全亭

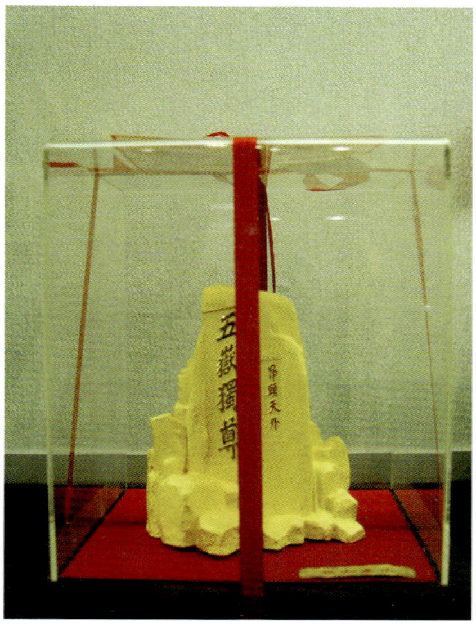

工艺雕龙　裴全亭
中国回环诗盘　邓德忠
泉城宝贝（彩虹人形—泥玩）　何晓铮
耧车　杨永华

老牛车　杨永华
小土车　杨永华
玉龙　高荣昌
中国泰山吉蛋系列　于　新

绒沙金五岳独尊　胡鹏飞
等你一万年　李　涛、项云芳
树枝树皮昆虫系列　李　涛

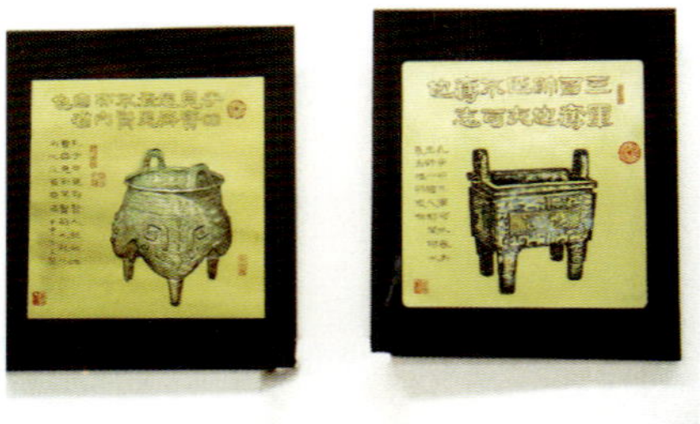

淄博内画珍品　刘键、唐伟、张昊
精品沙燕风筝　刘键、唐伟、张昊
鲁滕壁画—猴(拟人化)　孙　旋

小鲤鱼文镇系列　枣庄北钛河陶瓷有限公司
水浒酒具　张　雷
"蹴鞠图"盘　郭联军
炫色晶体浮雕艺术品　陈贵阳

水浒人物—李逵　张　雷
《一言九鼎》刻雕壁饰　高承传
金蹴鞠　于维平

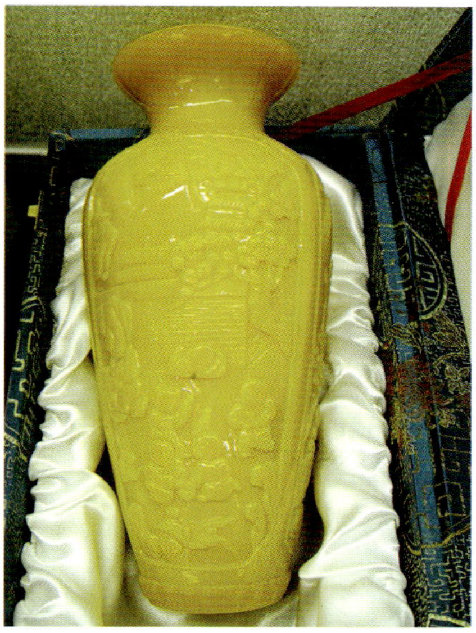

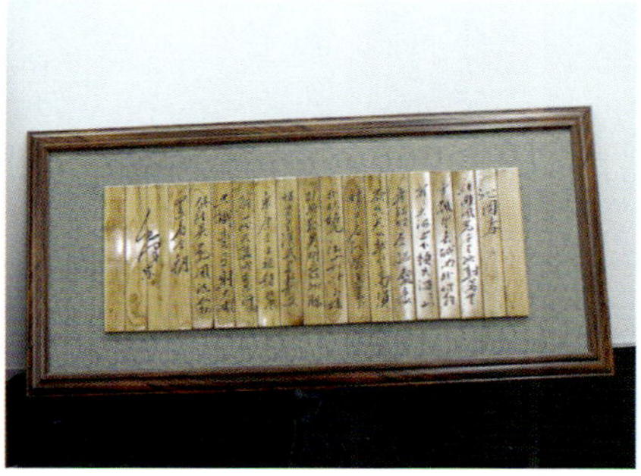

鸡油黄　赵增军
鲁青瓷花插　杨希文
龙山黑陶博古架　李曰厚

荣华富贵（内画）　赵增军
沁园春雪　刘福成、吕振荣、李华锋
兰亭序字画　刘福成、吕振荣、李华锋
九龙玉玺　刘福成、吕振荣、李华锋

脸谱（武将）　刘福成、李华锋
武松系列板画　郭铁柱、刘福成
群仙祝寿　刘福成、李华锋、李红、高燕、高化亮、刘　李
精品刻花水晶玻璃器皿　张德华、王正义、王祖通

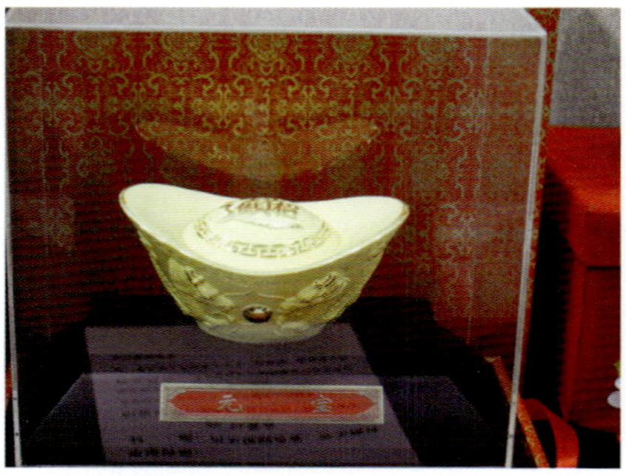

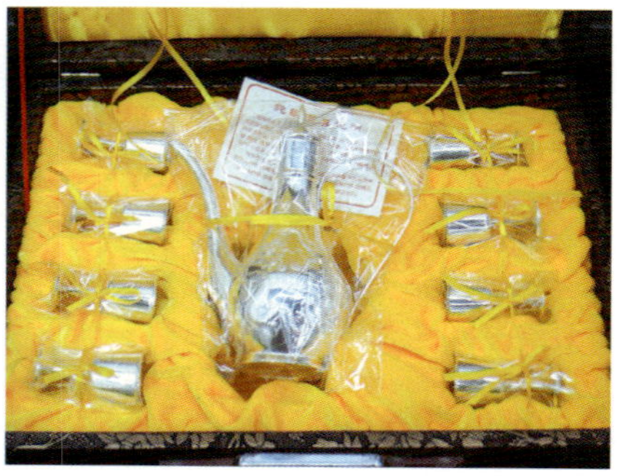

双面虎头	孙大鹏				
国色天香	姜云成	太阳花	姜云成	金饭碗	丛金亮、刘纯庆
八骏图	李安堂	龙凤吉祥人生历钟	李安堂	金元宝	丛金亮、刘纯庆
白夜	宋　晶	纯银酒具、茶具	丛金亮、刘纯庆	（夜光）龙吐珠	丛金亮、刘纯庆

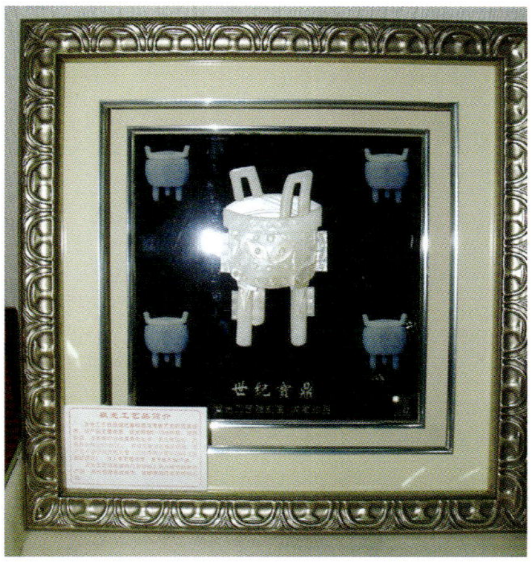

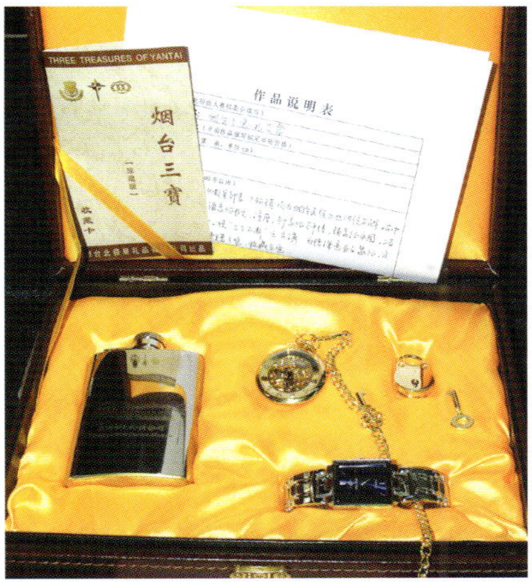

（夜光）世纪宝鼎	丛金亮、刘纯庆	魅力烟台茶叶罐	赵 涛、刘明昌	葫芦台灯	王执策
（夜光）对鹅	丛金亮、刘纯庆	烟台三宝礼品盒	赵 涛、刘明昌	大象笔筒	李康宁
（夜光）三羊开泰	丛金亮、刘纯庆	吉祥葫芦工艺钟	赵 涛、刘明昌	静鹿笔架	李康宁

虎符镇尺　李康宁

饕餮龙风瓶　李康宁

三羊开泰（红木嵌银漆器挂屏）　马世清

富贵容华砚台盒　李康宁

核雕（百万雄师过长江）　都传功

核雕（古代骄车）　都传功

核雕镶嵌红木手杖　都传功

核雕嵌鼻烟壶（五龙壶）（八俊壶）　都传功

金蟾（三件）　李鹏远

足球龟　李鹏远

涤纱绣花小围巾

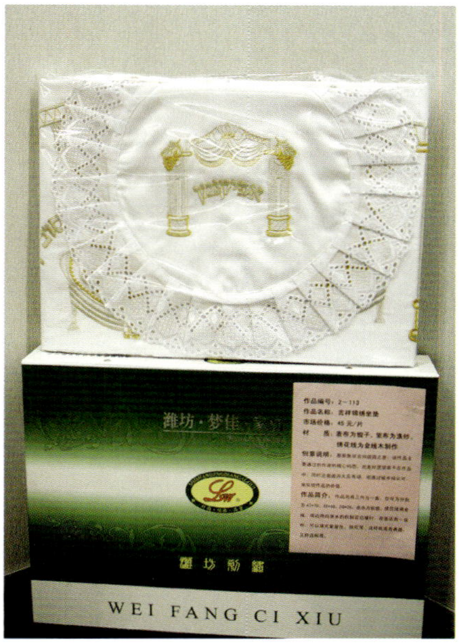

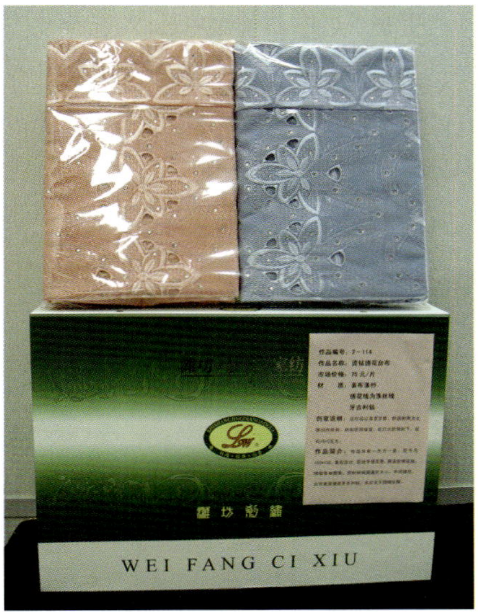

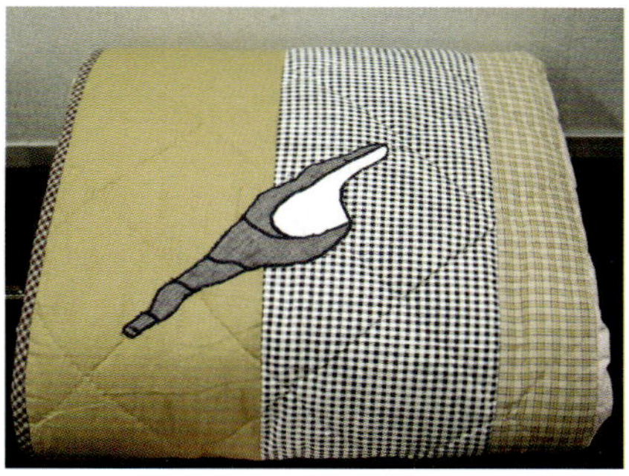

吉祥锦绣坐垫
丁福臻、徐晓敏 、张洪亮
烫钻绣花台布 丁福臻、徐晓敏、张洪亮
三月三 傅绍相、郭心聪

唐韵《铸铜》 傅绍相
老鼠爱大米 傅绍相
万世师表—孔子 傅绍相、郭心聪

机绣水溶花边台布 王守虎
机补花工艺被 张建良、李 玮
篮宝女神 赵世军、程晓鹏等
红木嵌银首饰盒 李金录

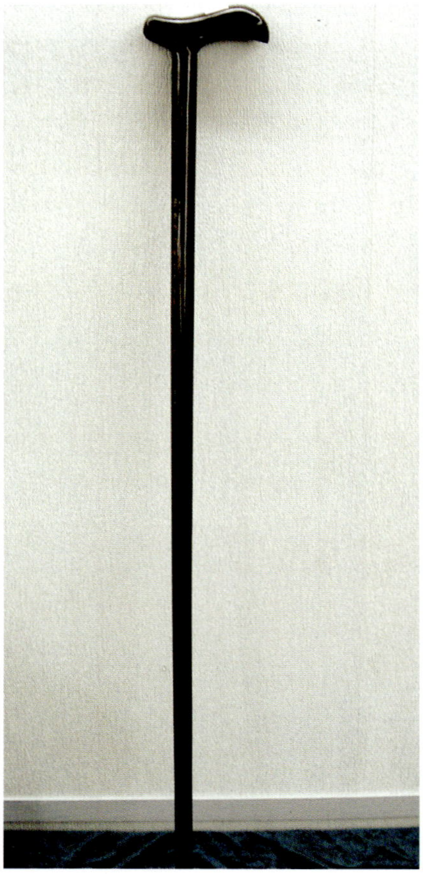

红木嵌金银丝香盘　李金录
喜报三元　武冬梅
三星高照　武冬梅

百寿杖　李金录
红木马扎　李金录

窑变花釉看盘系列　白伟冬
烟灰缸　苏兆起
双耳鼎　苏兆起

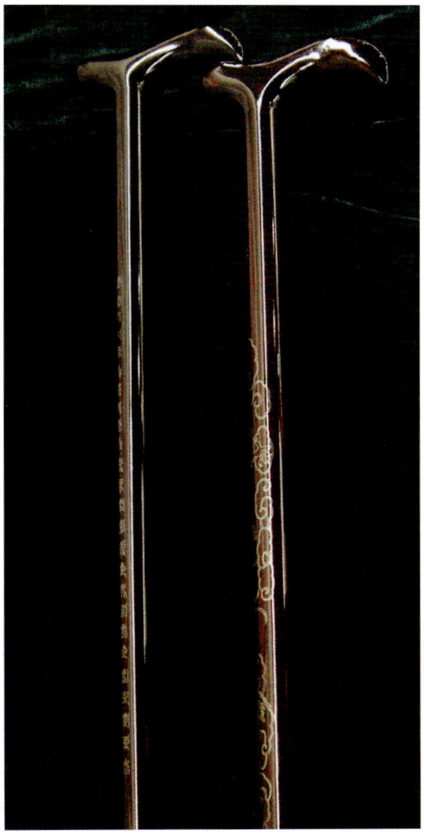

工艺雕刻瓢　张晓岩

饰品工艺　丁承效

潍坊嵌银—手杖系列

王爱琴、陈斌、臧万里、陈君德

潍坊嵌银—书画镇尺系列

王爱琴、陈斌、臧万里、陈君德

潍坊嵌银—嵌银筷子系列

王爱琴、陈斌、臧万里、陈君德

潍坊嵌银—首饰盒系列

王爱琴、陈斌、臧万里、陈君德

手织鲁锦壁挂－卧虎藏龙

鲁锦镶边靠枕

路卫民、王建军、马爱梅、王传阳、李秀娟

鲁锦镶边靠枕套

路卫民、王建军、马爱梅、王传阳、李秀娟

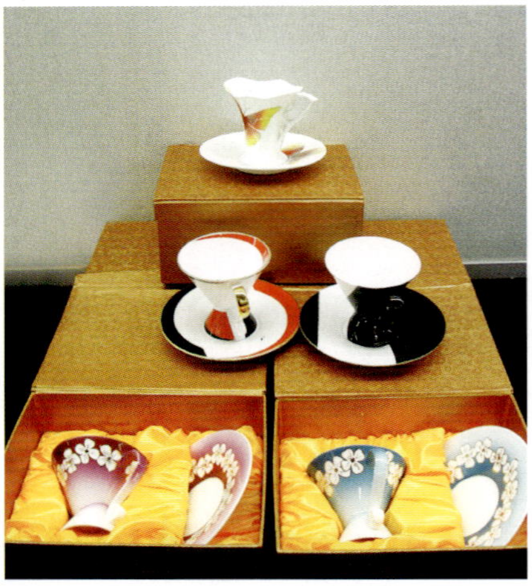

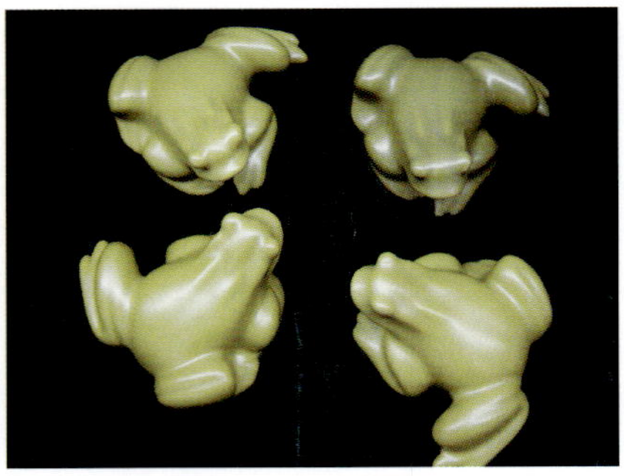

鲁锦壁挂—鹤之舞
手织鲁锦餐垫、桌旗　路卫民、
王建军、马爱梅、王传阳、李秀娟
绞胎泥碗　王秋祥
铜绿叶子壶　尹宝亭

花釉系列盘　周冬梅
情侣杯碟　杨秀娟、董立奇
竹叶系列壶　闫　玲
日式壶　闫　玲

青蛙　谷友发
舍得杯　闫　玲
绞胎泥碗　翁　梅

色釉杯碟　王丽梅、杨秀娟
秋荷特色餐具　王丽梅
和谐16头黑色咖啡具　阮　阳、杜向明
镂空灯　杨宁宁

陶琉盒　陈位芳
玫瑰叶餐具　杨秀娟
向日葵壁饰　姜晓娜

高温鲁花釉壁画　周冬梅
花釉碗　周冬梅
人头杯　周冬梅
烟灰缸　司书胜
童趣　冯乃藻

《三山五岳　惟我独尊》　杨永安
墨绿补纱绣 小外套　鲁绣济南剧装厂
咖啡色系绣花套装　鲁绣济南剧装厂

金色梅花坎肩　鲁绣济南剧装厂
喜上眉梢（靠垫）1对　鲁绣济南剧装厂
双子闹春挂屏　鲁绣济南剧装厂
仿古风景挂屏　鲁绣济南剧装厂

趵突泉风景挂屏　鲁绣济南剧装厂
仙鹤补子　鲁绣济南剧装厂
水浒卡通人偶　鲁绣济南剧装厂
《西游记》针织工艺品　张继红
《"瓦喔"船》　梅振武

连年有余　叶　旭
渔舟唱晚　叶　旭
核桃透雕《十八罗汉》　马启德
山东绣花大石榴　解祥芳

手绣中国结　解祥芳
中国布娃娃　解祥芳
沂蒙老虎帽　解祥芳
沂蒙布老虎　解祥芳

沂蒙虎头鞋　解祥芳
沂蒙手绣如意　解祥芳
绣花鸳鸯　解祥芳

沂蒙佛手　解祥芳

沂蒙绣花布马　解祥芳

沂蒙布鱼　解祥芳

沂蒙绣壶　解祥芳

沂蒙绣花荷包　解祥芳

绣花花篮　解祥芳

沂蒙平安球　解祥芳

沂蒙长生果　解祥芳

《英雄孟良崮》系列　罗长福

《红色沂蒙 母亲般的奉献》　罗长福

沂蒙山区好地方　林化强

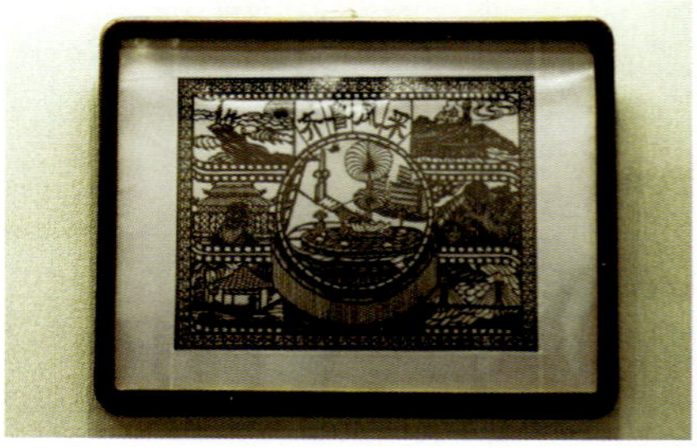
齐鲁风采　林化强

手工土布床单	来小龙	咪咪	朱惠平	动物园	朱惠平
连年有余	朱惠平	凤凰牡丹	朱惠平	麒麟送子	朱惠平
双凤朝阳	朱惠平	亲昵（一对小鹿）	朱惠平	麒麟	朱惠平
凤凰戏牡丹	朱惠平	卡通猫	朱惠平	民俗艺术挂勺	侯志新

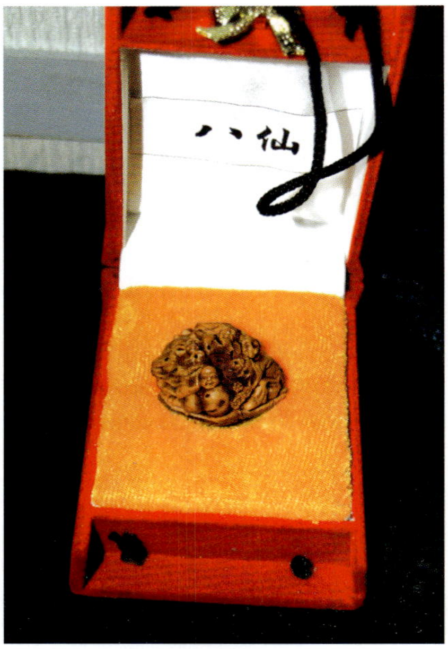

纯手工童鞋

八仙　　周洪宝

核舟　　周洪宝

茶壶　　周洪宝

虎头鞋　　王玉生、姬爱菊

孔子鲁司寇像　　张月德

《十二生肖》　　赵　娜

《济南市市花》　　赵　娜

《大明湖荷花仙子》　　赵　娜

《圣诞老人》　赵　娜
《语音兔子王》　邓君秋
面塑：泉城宝贝　李　军

《兔子王》　陈俊岭
孔子（面塑）　何晓铮
农家乐系列　李　涛

山东面塑（李清照）　刘学森
山东面塑（童子捧寿）　刘学森
鲁南缝绣品系列　韩　珍

陶杯 刘 安
泰山葫芦 刘 安
泰山石敢当 郭敬元

系列人像刻瓷作品 刘 效
水浒风景水晶球 张 雷
“福禄缘”手工雕刻葫芦 高 翔

纯棉手织床单 巩 波
黑陶（孔子瓶）
黑陶转带笔筒 王法柱

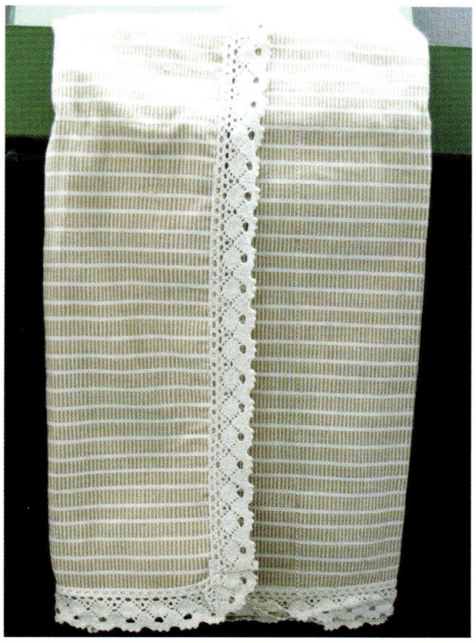

乡村风情手织棉毯　巩 波
宣纸烫画—李清照　李曰厚
刻瓷—"和为贵"　李云华

刻瓷—"智者乐、仁者寿"　李云华
龙　李云华
陶笛　王 军、张 斌
五毒青蛙挂片　贾晓凌、许冬梅、钟淑花

泥塑—虎头挂片
生肖狗
泥塑—金蟾
泥塑—剩虫
贾晓凌、许冬梅、钟淑花
徐霞客牌鲁绣　许兰英

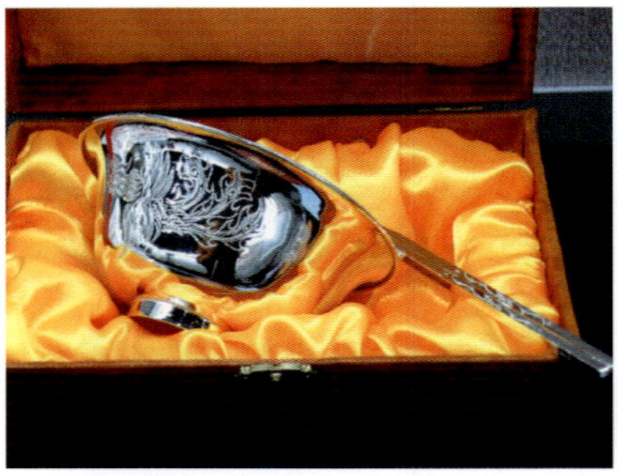

水浒英雄谱（剪纸） 朱爱慧
红谷柿饼 任广真
五虎上将 高桂英
《中国民艺吉祥如意》雕版系列 刘俊谦

鸡狗传福 高桂英
泥娃娃“阿福” 刘新芳
剪纸作品《垂钓》 方桂凤
《八仙过海》剪纸册 阎铁鲁

《大明湖》剪纸 阎铁鲁
《十二生肖花瓶》剪纸册 阎铁鲁
纯银碗筷 丛金亮、刘纯庆
狗来福 丛金亮、刘纯庆

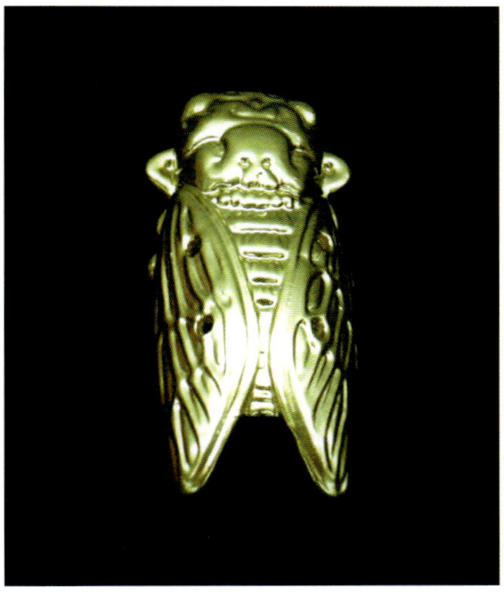

宝宝出生吉祥饰品套装 丛金亮、刘纯庆
京剧脸谱 丛金亮、刘纯庆
金蝉 丛金亮、刘纯庆
金猪 丛金亮、刘纯庆

葫芦京剧脸谱 王执策
木雕脸谱 王执策
舟崖琼阁 邹风立
鲁迅公园 邹风立
造化奇观 邹风立

仿古山水"秋江帆影" 邹风立
南天门 邹风立
潍坊杨家埠木版年画（邮票发行纪念）画册 梁春永

长岛宝塔礁　邹风立
八马图看盘　商克功
潍坊杨家埠木版年画精品（挂历）梁春永

寿比南山　谭以贤
百福、百寿图　谭以贤

寿星　谭以贤
老寿星　付永利
剪纸系列—《沙盘习字》、《招财童子》、《龙腾凤祥》　范　云

踏雪寻梅　付永利
梁祝　付永利
和平幸福　付永利

但愿人长久，千里共蝉娟　付永利
金玉满堂　刘文虎
《龙凤呈祥》鼻烟壶　刘文虎

秋趣　刘文虎
观音菩萨　刘文虎
戴角虎　刘文虎

七贤游湖　刘文虎
琵琶行　谈万海（谈栖枫）
九头龙　王永训
雁　王永训

沙燕　王永训
金蝉　王永训
仙鹤　王永训
凤凰　王永训

小龙头蜈蚣风筝　张秋香
五动态梭子蟹风筝　张秋香
螳螂捕蝉　郭洪利
神荼、郁垒　韩世良

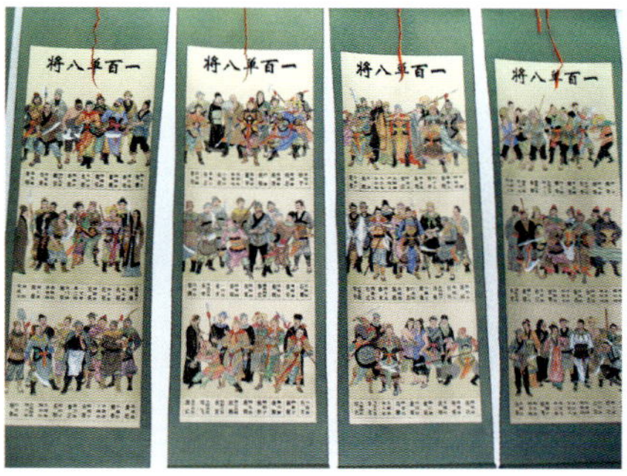

福寿双全　张　霞
京剧　京照人物　史建德
抽象生、旦、净、丑戏剧人物　史建德

八仙聚会　颜克臣
《赶小海》　乔艳玲
鸡场　乔艳玲
家堂　王余良

文武财神　王余良
水浒一百单八将　王余良
高密剪纸动物篇　孙传捷
高密剪纸民俗篇　孙传捷

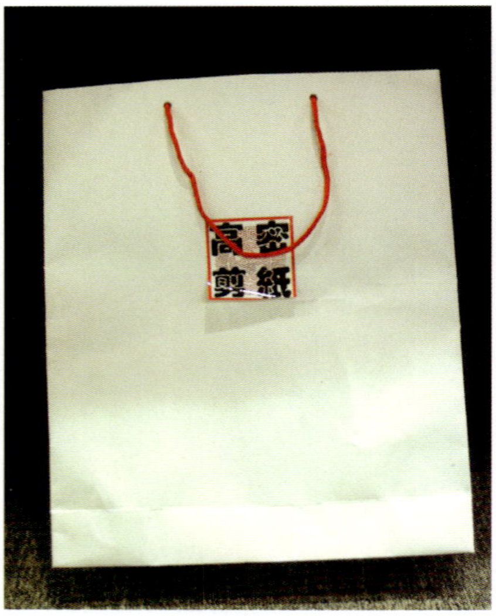

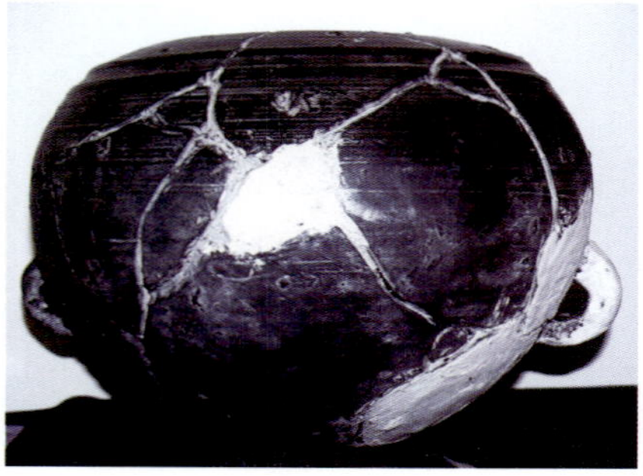

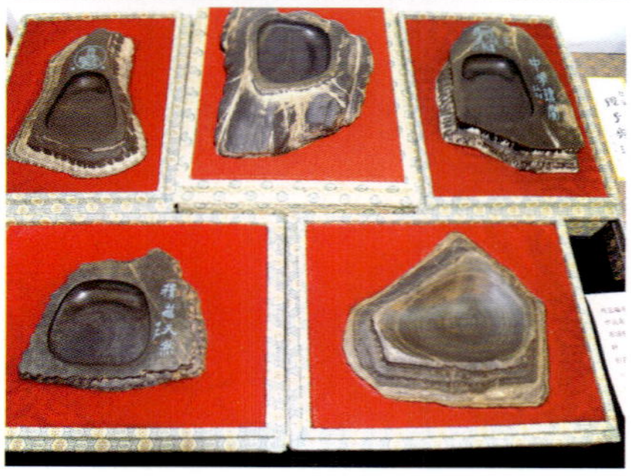

高密剪纸八仙过海篇　孙传捷
高密剪纸手提袋　孙传捷
古韵　刘德功、田景峰

岁寒三友　刘德功、田景峰
三维成像印鉴　房桂岭
孔子论语礼盒　孙大鹏、孔　建

蛋壳杯　闵　伟
孔子六艺六经 仿古竹简　孙大鹏、孔　建
徐公砚　陈绪宝

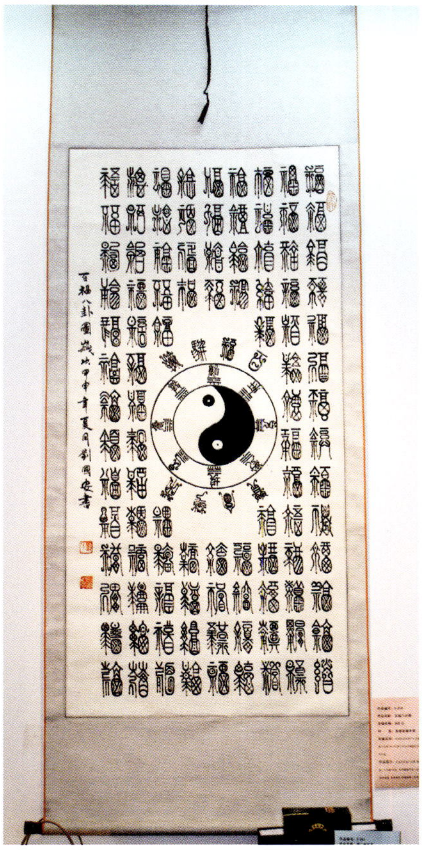

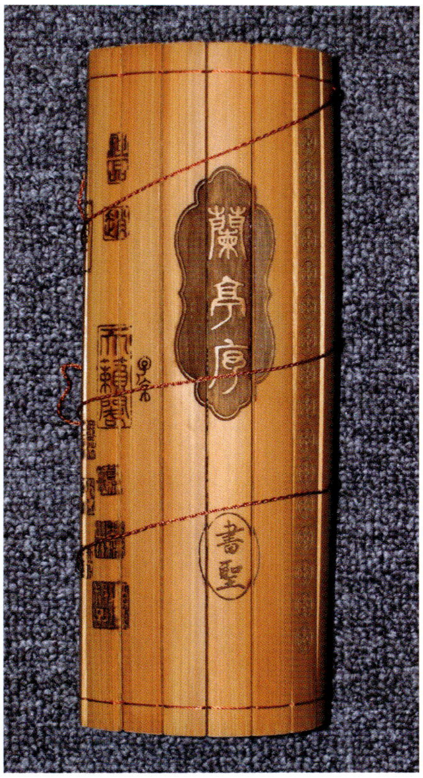

百福八卦图　刘国安
三叶虫化石砚台　郭明磊
微雕竹简《孙子兵法》　杨恩龙

微雕竹简《兰亭序》　杨恩龙
百年中国银币　张成建
古铜陶鱼鳞小花瓶　王宪利

陶鬶（古铜陶）　王宪利
黑陶仿古罐　王宪利
玛瑙陶笔筒　王宪利

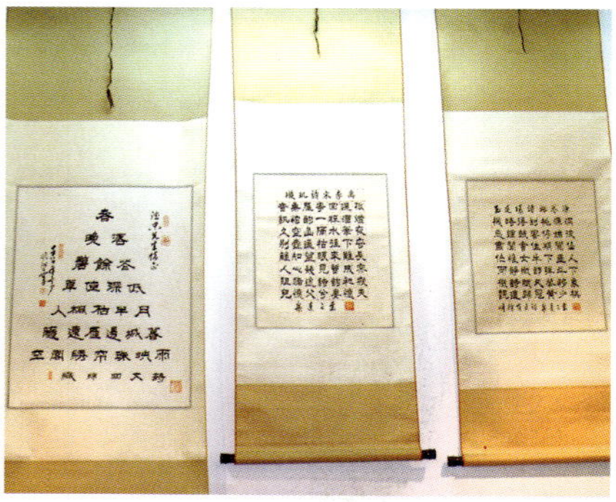
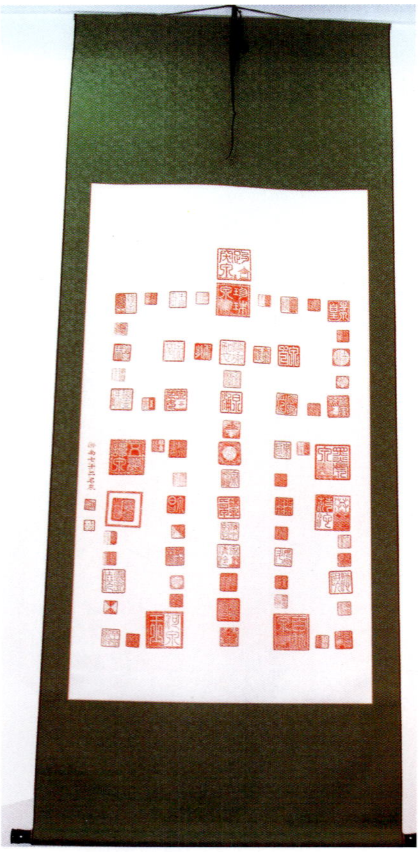

古铜陶仿周朝花觚　王宪利
彩云陶球瓶　王宪利
开片陶贯耳瓶　王宪利

木板烙画　丁春华
十体书法咏泉卷　张国庆
《济南四季风光瓦当》　许云日
中国回文诗字画　邓德忠

济南七十二名泉条幅　魏长发
泰山守护神花瓶　胡鹏飞

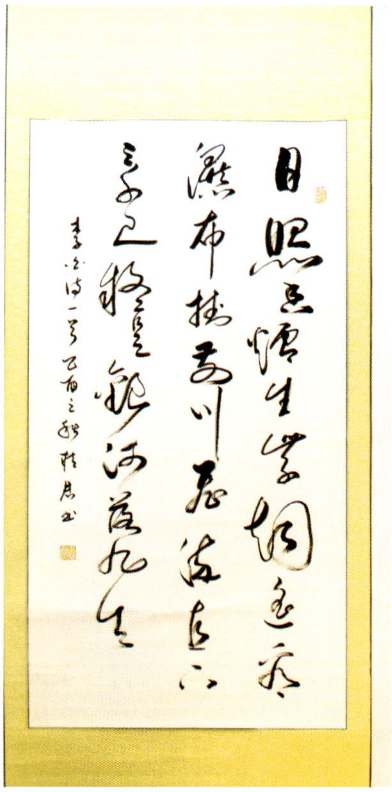

泉城迎奥运福娃印钮 魏长发
泰山平安花瓶 胡鹏飞
邹宗玉 邹宗玉

春秋古车（系列） 杨永华
书法作品 李白诗一首 王桂君
五谷画《向天歌》 钟 杰

大红釉笔筒 张儒岭、任允鹏、齐志红
砂雕笔筒 赵增军
仿青铜牺尊 陈秀梅

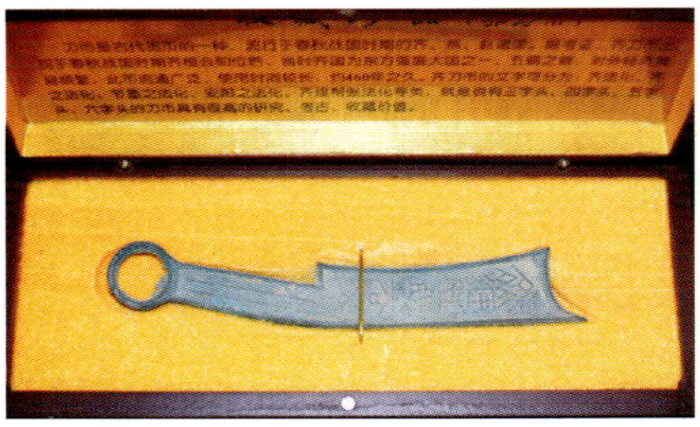

仿齐刀币　陈秀梅
水晶雕刻—博山八景　马志河
泰山神启跸回銮图　朱司祥
藕神李清照　周　璟
金砖　丛金亮、刘纯庆

纯银元宝　丛金亮、刘纯庆
金弥勒　丛金亮、刘纯庆
龙头乌龟　丛金亮、刘纯庆
动物套七文具（组合）　李康宁
文房套件（笔架、红丝砚、笔洗）　李鹏远

众星贺寿（中堂）　史建德
国画写生山水　张培桐
潍坊仿古铜—《仿古青铜器》　王昌年
中华泰山

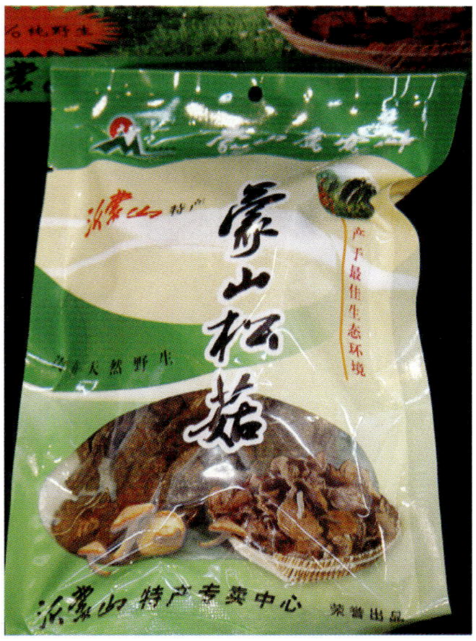

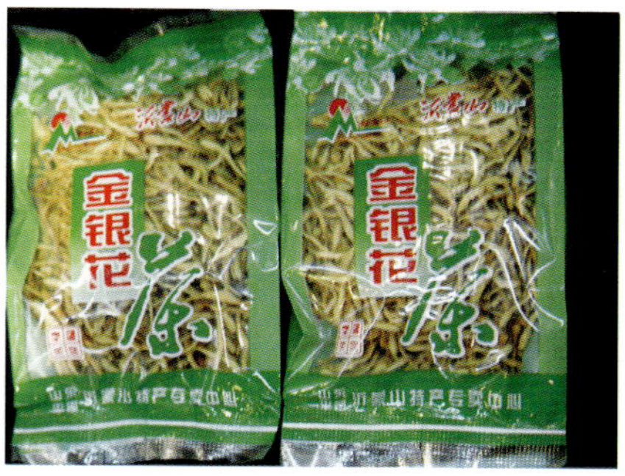

缸型笔筒　蒋玉刚
沂蒙特产—蒙山石竹花茶　王方武
沂蒙特产—香辣相思豆　王方武

沂蒙特产—蒙山地瓜粉皮　王方武
沂蒙特产—油炸香椿　王方武
沂蒙特产—蒙山松菇　廉士铸

沂蒙特产—金银花茶　廉士铸
沂蒙特产—小杂粮　廉士铸
沂蒙特产—山野小菜　廉士铸
沂蒙特产—果蔬煎饼　廉士铸

沂蒙特产—香椿芽　廉士铸
沂蒙小炒　来小龙
潘家湖狗肉　赵常杰

DIY窖藏XO白兰地　于　波
分享　于　波
泰山姊妹茶　康宝华

泰山灵芝盆景系列（五福同寿）（天外来石）　米寿延
绿萃一味堂　张瑞国
墨圣天志玉液白酒　巩光全

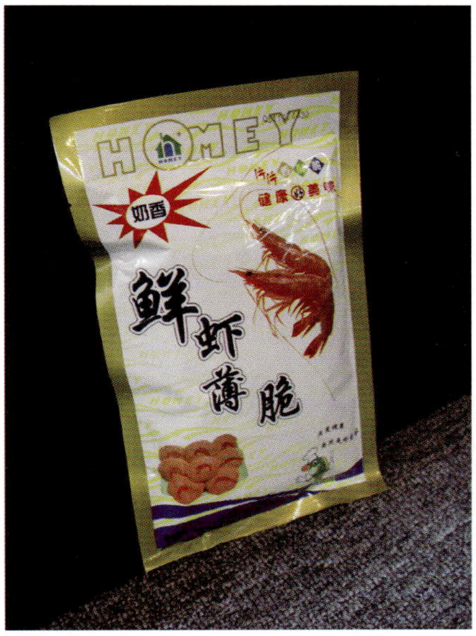

墨圣特贡酒 巩光全
椒盐兔腿 李远华、宋光明、席远科
卤汁兔头 李远华、宋光明、席远科

青花兔腿 李远华、宋光明、席远科
蓝山蛋白食品 许振国
龙胜斋魏氏熏鸡 魏潮亮

御封牌牛筋腰带 梁成贵
野生酸枣 李曰厚
鲜虾薄脆 山东好当家集团

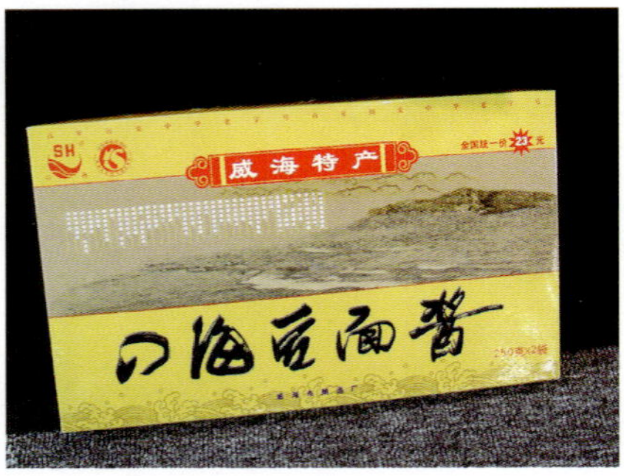

凤祥五更炉 岳喜祥
鱿鱼丝 山东好当家集团
软烤鱿鱼系列 山东好当家集团
即食大虾 山东好当家集团

即食海蜇皮 山东好当家集团
即食飞蛤 山东好当家集团
即食扇贝 山东好当家集团
即食鲜海参 山东好当家集团

蜢子虾酱 傅秀兰、孙　逊
四海豆面酱 孙　逊、陶宏涛
油炸花生仁、烤花生果 刘昌兰
眼子虾酱 曲光伟

海带面	曲光伟	日照绿茶—茗家春茶春一级	刘加强		
碧龙春绿茶	贾桂英	旅游用防地震铁床	王法轲	内画香水瓶	赵增军
浮来山地瓜干	辛崇志	旅游帽	王法轲	暗香（台布）	王院玲、邢赛楠
福垫	王永珍	蹴鞠茶具	马国庆	毛皮围巾	戚苗苗

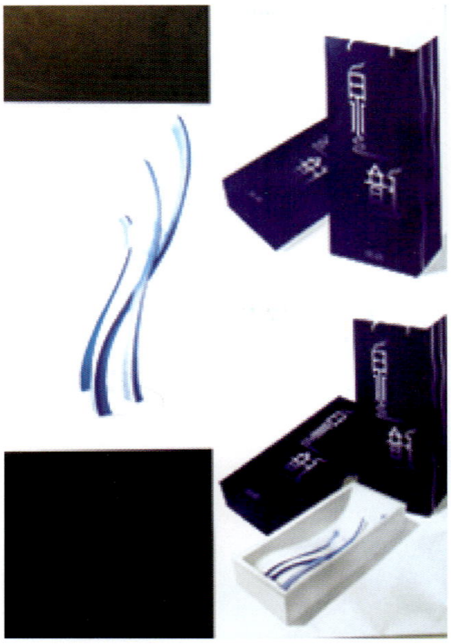

毛皮披肩　姚继涛
人生节律卡　李安堂
珏　佩　孙玉国

蓝宝石贝瓷口杯　程晓鹏、赵世军等三人
日照绿茶　徐娜子
《鲁中蕴"玉"》　武　伟

女士休闲手提包　杨　川
《泉韵》　孙运翔
巨龙腾飞　姜风忠

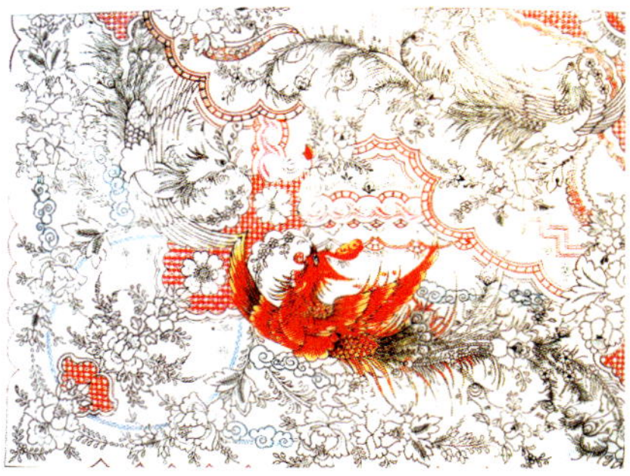

真丝绸缎拼织刺绣工艺品台布　姜风忠
凤舞花香　姜风忠
工艺品挂画—花香蝶舞　姜风忠
工艺品挂画—鸟语花香　姜风忠

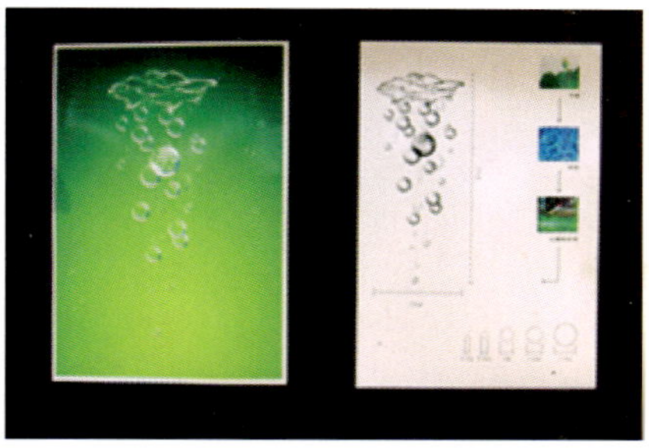

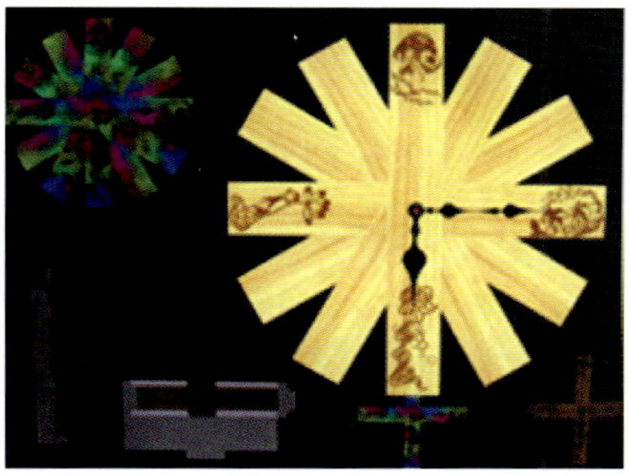

《泉韵》　李欣鑫
《逝》　肖卫华
傲海—海洋系列　王伶俐
傲海—美人鱼　王伶俐

"墨子故里－滕州"旅游明信片　鲁开峰
平面设计　许　娜
"一山一水一圣人"琉璃摆件　彭　彪
谷满仓　高　菲

2008中国奥运商标作品

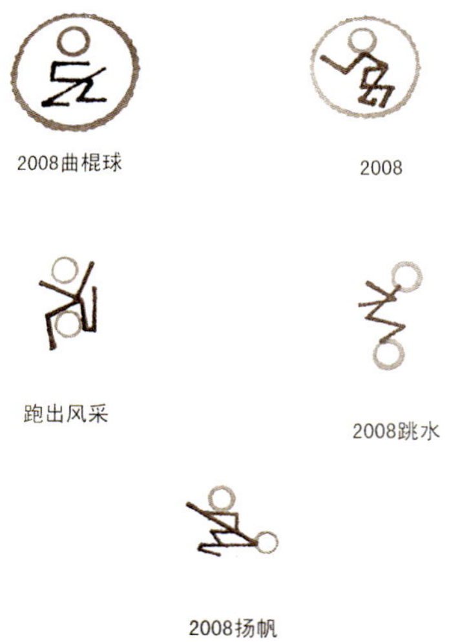

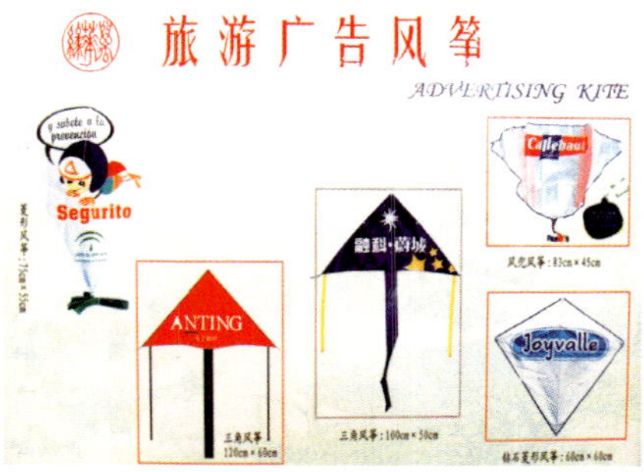

《韵》 李娜娜

《泉水叮咚》 刘 妮

“有朋自远方来，不亦乐乎” 潘绍华

2008中国奥运商标产品 尹绪彬

潍坊风筝—《现代旅游广告风筝》 陈君德

涂鸦包、帽子、钥匙链 张 瑛

第6部分 山东省旅游商品“六真店”
山东省旅游商品研发基地

山东省旅游商品“六真店”

山东省旅游商品“六真店”是山东省旅游局创建的诚信购物系统，自 2004 年 3 月开始由山东旅游商品开发服务中心具体实施，旨在培植一批专业、规范、知名的旅游购物场所，营造健康舒适的旅游购物环境，给予游客称心如意的消费体验。

六真理念为：“货真、价真、品质真，情真、意真、服务真”。

山东省旅游商品研发基地

山东省旅游商品研发基地由山东省旅游局组织、认定，自 2004 年 6 月开始由山东省旅游商品开发服务中心具体实施，旨在培植一批专业、规范、知名的旅游商品研发、生产厂家，构建全省范围的旅游商品精品研发产地。

山东省旅游商品“六真店”、山东省旅游商品研发基地、山东省旅游协会旅游商品分会会员单位简介

济南

山东福胶集团有限公司（山东省旅游协会旅游商品分会理事会员）

山东福胶集团有限公司，成立于1995年，以生产经营“福”牌阿胶及其系列产品为主业，集科、工、贸于一体，现有资产2.2亿元，员工1500多人，是山东省高新技术企业和质量明星企业，济南市30家骨干企业之一，全国中药行业50强。公司属地分别设在济南市区、平阴县城和东阿镇。始建于1950年，是我国建立的第一家国营阿胶专业生产厂，拥有技术研究中心。主要生产胶剂、膏剂、冲剂、口服液、片剂、胶囊剂、酒剂7大剂型、50多个品种，拥有30多件注册商标，其中“福”牌、“东阿镇”牌于1992、1997、2001年3次被评为山东省著名商标。公司拥有自营进出口权，在香港、新西兰等国家和地区设立了营销代理机构，产品出口创汇能力日趋增强。

山东广润丝绸有限公司（山东省旅游协会旅游商品分会理事会员、山东省旅游商品“六真店”）

山东广润丝绸有限公司是泉城唯一的丝绸专营商场，营业面积达600平方米，年销售额达1000万元。本商场以零售为主，批零兼营，经营品种花色近万个。在布料上汇集了全国最优秀的产品，在产品花色上注重创新，引导消费，与国际流行色接轨；在服装经营上突出了全国最著名的丝绸服装品牌；在礼品、工艺品上主要以手工绣花为主，选择最精致的绣花，追求最高的档次。山东广润丝绸有限公司一贯坚持诚信、保真、求实、创新的经营理念。“买丝绸，到广润”已经成为广大消费者的共同心声。

山东金儒商贸有限公司（山东省旅游协会旅游商品分会理事会员）

济南市民俗艺术馆（山东省旅游协会旅游商品分会理事会员、山东省旅游商品研发基地）

济南市民俗艺术馆坐落于济南市最著名的商业街-泉城路上，北依大明湖，南临泉城广场及趵突泉。它是经济南市人民政府批准，在中共济南市委宣传部、市文化局领导下成立的公益文化事业单位，承担全市民间文化的抢救与保护工作。

目前，馆内设22个专业研究所及4个艺术表演团：(1)民间文化抢救与保护中心（2）中国孔子民俗文化研究所（3）中国民俗旅游产品开发研究所（4）中国民俗周刊杂志社（5）中国民俗文物鉴定收藏研究所（6）中国民俗文物考古研究所（7）中国周易文化研究所（8）中国古代民居建筑研究所（9）中国明清家具研究所（10）中国书画篆刻艺术研究所（11）中国雕刻艺术研究所（12）中国剪纸艺术研究所（13）中国皮影艺术研究所（14）中国泥塑艺术研究所（15）中国面塑艺术研究所（16）中国脸谱艺术研究所（17）中国布饰艺术研究所（18）中

国年画艺术研究所（19）中国风筝艺术研究所（20）中国葫芦艺术研究所（21）中国烙画艺术研究所（22）中国糖画艺术研究所（23）中国民间艺术表演团（24）中国五音戏剧团（25）中国民俗庆典艺术团（26）中国皮影戏剧团。

济南刺绣总厂剧装分厂（山东省旅游协会旅游商品分会会员）

济南旅游商品销售中心（山东省旅游协会旅游商品分会会员、山东省旅游商品研发基地）

济南旅游商品销售中心，位于济南市英雄山路71号（济南旅游汽车站一楼），是在山东省旅游商品开发服务中心、济南市旅游局大力支持下成立的济南市第一家专门经营旅游商品的购物场所。营业面积200平方米，主要经营具有山东特色的齐鲁文化礼品、民间手工艺品、家纺装饰品、旅游纪念品、保健品和土特产品等。济南旅游商品销售中心以荟萃山东各地风物为基点，以打造济南最好的旅游商品购物店为目标，严格遵循旅游商品“六真店”的经营理念。

济南立泰山茶叶有限公司（山东省旅游协会旅游商品分会会员、山东省旅游商品“六真店”）

济南立泰山茶叶有限公司是集茶叶科研、种植、加工、销售于一体的专业制茶企业。山东省茶文化协会团体会员单位。自成立以来，公司在国家AAAA级旅游风景名胜区—济南长清灵岩寺风景区，建起了济南市第一家无公害茶叶生产、加工示范基地。公司主要产品有“灵岩”牌雨花岩茶、灵岩禅茶、雪针、雪芽、雪毫、雪峰等系列绿茶，并已通过国家级无公害农产品认证。其中灵岩雪针、雪芽系列绿茶荣获2003年第四届全国食品博览会金奖；雨花岩绿茶和灵岩禅茶分别荣获中国济南第三届国际茶博览会名茶评比金奖和优质奖。灵岩绿茶荣获2005年度“济南市十佳旅游商品”、“2005年中国三绿工程放心茶中茶协推荐品牌”、“山东省茶文化协会推荐品牌”、“长清区政府指定专用茶”等荣誉称号。公司先后被授予省级“优秀私营企业”、“青年文明号”、“济南市明码实价示范店”等荣誉称号。

济南市长清区灵岩全亭木鱼石保健精品厂（山东省旅游协会旅游商品分会会员、山东省旅游商品“六真店”）

济南市长清区灵岩全亭木鱼石保健精品厂，位于济南市长清区，主要生产经营“神水”牌木鱼石系列产品。神水牌系列产品，于1991年投放市场。产品选料上乘，做工精细、造型美观、古朴典雅，是集保健、观赏、收藏于一体的高档馈赠礼品。产品远销日本、韩国、马来西亚、新加坡等50多个国家和地区。1999年被济南市评为三星级消费者满意单位，2001年9月被济南市消费者协会评为“消费者满意单位”，2005年1月获“泉城杯”第二届山东省旅游商品创新设计大赛优秀奖，2005年6月获“济南市首届旅游商品展示暨旅游文化博览会旅游商品一等奖”称号。

济南张夏鲁中石刻工艺品厂（山东省旅游协会旅游商品分会会员、山东省旅游商品“六真店”）

济南张夏鲁中石刻工艺品厂，位于济南长清区104国道边，建于1992年。前店后厂，商店面积200余平方米，现有员工30人。主要生产经营“鲁岩”牌木鱼石系列产品。2005年6月获“济南市首届旅游商品展示暨旅游文化博览会旅游商品二等奖”称号，2005年12月获“2005－2006年度山东省旅游休闲购物十佳品牌（工艺品类）”称号。

杨峰艺术工作室（山东省旅游协会旅游商品分会会员）

杨峰艺术工作室成立于2004年，以传承传统民间工艺、设计研发和生产旅游纪念品为主。产品主要包括彩绘泥塑、彩绘烧陶以及各类陶艺作品；作品以表现山东的历史、人文、景物为特色。代表作品“泉城兔子王”曾获“泉城杯”第二届山东省旅游商品创新设计大赛金奖。2005年赴新加坡参加第十三届春城洋溢华夏情文化、艺术、旅游展，取得不俗成绩。产品远销美国、加拿大、新西兰、韩国、日本和泰国等国家，为弘扬我国传统民俗文化，做了重要的贡献。

淄博

张广庆内画艺术研究院（山东省旅游协会旅游商品分会理事会员、山东省旅游商品研发基地、山东省旅游商品“六真店”）

张广庆内画艺术研究院，位于淄博市淄川杜坡山风景区，是由中国工艺美术大师张广庆先生于一九九二年创建的，是中国第一所内画艺术研究院。内画院的成立改变了内画艺术自清代以来师傅带徒弟的旧模式，使内画艺术走向教育与研究、技巧与理论相结合的新阶段。世界艺术大师刘海粟生前曾任该院的名誉院长，赞扬内画院“独一无二”，内画院现有30人，占地20余亩，建筑面积6000平方米。

自八十年代以来，张广庆先生先后于美国、德国、奥地利、泰国、加拿大、瑞典等国举办“个人艺术展览”，其作品被誉为“当今世界艺术精品中的明珠”。所创作的《水浒一百单八将》、《百虎图》、《百骏图》、《清明上河图》、《十二金钗》等作品写人状物，尽皆佳妙。

内画院自成立以来，先后接待了美、英、法、德、日本、埃塞俄比亚、越南、南非等国政府代表团和友好城市代表团。自一九九七年至今连续被市政府评选为外事工作先进单位，并被淄博市旅游局评为淄博市旅游定点单位。

淄博市周村烧饼有限公司(山东省旅游协会旅游商品分会会员、山东省旅游商品“六真店”)

山东周村烧饼有限公司始建于1958年，位于淄博市周村区米河路127号，是以生产已有千年历史的地方名特产品“周村烧饼”为主体，兼有酒店、宾馆、超市、印刷等服务的综合性中型企业。1961年注册了“周村”牌烧饼商标。企业先后被评为第二届山东省旅游消费者信得过单位、山东省消费者满意单位、山东省文明诚信百佳企业、食品卫生达标企业、山东省守合同重信用企业等。

自2003年以来，研制开发出了咸味、五香、麻辣、海鲜、奶油、果蔬、五谷等具有较高科技含量的烧饼新产品，结束了甜味烧饼品种单一的生产历史。现“周村”牌烧饼已有八大类，五十余个品种，且高、中、低档齐全。产品先后获得了山东省著名商标、山东省免检产品、山东名牌、国家绿色食品、国家无公害产品、定量包装商品生产企业计量保证能力“C”认证证书。产品被评为2006—2007年度山东省旅游商品十佳品牌(土特产品类)。

淄博市金银珠宝行有限公司（山东省旅游协会旅游商品分会会员、山东省旅游商品“六真店”）

淄博市金银珠宝行有限公司，位于淄博市张店区美食街与柳泉路交叉口，于1992年成立，2002年改制为淄博市金银珠宝行有限公司。公司是一家集黄金、铂金、白银饰品、珠宝玉器的销售、加工、维修、检测、鉴定为一体的专业金银珠宝企业。公司成立十多年来，制定了“立足淄博抢市场、面向全国找市场、走向世界试市场”的企业经营战略，先后在淄博市各区县建立分店。公司1999年加入中国宝玉石协会，2000年被中国宝玉石协会第三届代表大会评为中国宝玉石协会“优秀企业”；2002年获中国宝玉石行业“放心示范店”荣誉称号；公司自有的“金宝”牌首饰被评为山东省著名品牌，2002年通过了ISO9001:2000国际质量管理体系认证。

枣庄

枣庄市三新农产品有限公司(山东省旅游协会旅游商品分会会员、山东省旅游商品研发基地)

山东省瑞尔生物制品有限公司(山东省旅游协会旅游商品分会会员、山东省旅游商品研发基地)

山东瑞尔生物制品有限公司，成立于2002年3月，位于山东省枣庄市高新技术产业开发区，是集研发、制造、营销为一体的高科技生物制品现代化企业。公司成立以来，坚持以“关注人类健康，提高生命质量”为企业使命。依托瑞士瑞尔生命科学研究院、法国欧博生物研究所和山东轻工业学院等科研机构为核心技术支持，专业研发生产“生命金春”牌肽元蛋白质粉、活化水、茶饮料、口服液和肽维胶囊。其中肽元系列产品被中国食品工业协会评为全国食品行业“诚信企业，放心食品”。“康培肽”为中国保健协会全民健康工程推荐产品；“活化水”系列饮品是公司采用联合国开发计划署（UNDP）示范技术，研发生产小分子、易吸收的新型功能水，填补了国内饮用水市场的空白，为山东省旅游协会旅游商品分会特别推荐产品。

2004年12月份，公司一次性通过国际权威机构美国AQA：ISO9001国际质量管理体系认证和瑞士SGS：HACCP国际食品安全管理（控制）体系认证。2005年6月，公司通过了国家技术监督总局“QS认证”；是山东省科技厅认定的高新技术企业。

东营

成德轩钱币文化发展有限公司（山东省旅游协会旅游商品分会会员）

山东东营成德轩是山东省收藏家协会会员单位，山东省旅游协会旅游商品分会会员单位，是省内唯一可出具文物鉴定证书的收藏品经营单位。成德轩主营清代、民国时期老银元，收购网点遍布省内外。出售的银元，均配有精致礼盒和带有流水编号的信誉卡。

垦利县黄河三角洲旅游开发有限责任公司（山东省旅游协会旅游商品分会会员、山东省旅游商品研发基地、山东省旅游商品“六真店”）

垦利县黄河三角洲旅游开发有限责任公司位于垦利县振兴路水利局东邻，是一家集旅游商品开发和中药种植、研发、加工为一体的综合性企业。主要产品有：黄河口槐蕾茶、罗布麻茶、蒲公英茶、银杏茶等系列保健饮品。

东营黄河口旅行社有限公司（山东省旅游协会旅游商品分会会员、山东省旅游商品“六真店”）

烟台

张裕酒文化博物馆(山东省旅游协会旅游商品分会会员、山东省旅游商品研发基地、山东省旅游商品“六真店”)

张裕酒文化博物馆，位于烟台市大马路56号，成立于2002年，营业总面积三千多平方米。张裕酒文化博物馆是由张裕集团公司全面管理，突出品牌化、精品化、系列化的特色旅游购物场所。目前已形成包括馆藏珍品、个性化酒、工艺品在内的五大系列100多个品种。主要生产具有张裕浓厚企业文化和适合旅游者购买的特色产品。产品便于携带，精巧美观，多数产品为博物馆专供，极具收藏价值。张裕酒文化博物馆的旅游商品研发基地开发了多款优质产品，如“醉玫瑰”、“小浪漫”、“可雅凝香口喷白兰地”等，深受游客喜爱。张裕酒文化博物馆的商品购物区的工作人员能够用中、英、韩等语言与游客进行交流。张裕酒文化博物馆获得“青年文明号”荣誉称号。

金都招远黄金珠宝首饰城（山东省旅游协会旅游商品分会会员、山东省旅游商品“六真店”）

金都招远黄金珠宝首饰城有限公司，位于招远市温泉路111号，成立于2003年，建筑面积20000余平米。地上四层，地下一层，设有8部自动扶梯，2部货梯，110余个经过精装修的经营区位，拥有200余个停车场位。首饰城拥有大量国内外著名珠宝首饰品牌，满足了消费者的个性需求。金都招远黄金珠宝首饰城有限公司先后被招远市委评为“十佳文明窗口”，被招远市精神文明委员会评为“文明单位”，被山东省旅游行业协会、山东省消费者协会联合评为“2005-2006山东省旅游休闲购物十佳品牌”，被山东省商会、山东省消费者协会联合评为“山东省商业诚信企业”，被烟台市物价局评为“烟台市价格诚信单位”、被山东省物价局评为“山东省价格诚信单位”。黄金博物馆被烟台市精神文明委员会定为“青少年爱国主义教育基地”。

2003年8月28日中国金都黄金珠宝首饰城开业盛况

烟台北极星礼品有限公司（山东省旅游协会旅游商品分会会员、山东省旅游商品研发基地、山东省旅游商品“六真店”）

烟台北极星礼品有限公司，位于烟台市北马路240号北极星大楼，成立于2001年，主营旅游礼品、纪念品。近年来公司自主开发的“北极星”镂空怀表、“烟台三宝”礼盒、“烟台八大历史名人”工艺品，成为来烟游客首选的旅游纪念品。“胶东民俗乡情”系列工艺品，获得山东省首届旅游商品设计大赛优秀奖。北极星礼品公司被确定为山东省旅游商品研发基地，北极星礼品特色店被认证为山东省旅游商品“六真店”。中国消费者报、烟台电视台、烟台日报等媒体曾先后对北极星礼品公司开发特色礼品的做法给予报道。

烟台新海水产食品超市（山东省旅游协会旅游商品分会会员、山东省旅游商品“六真店”）

烟台新海水产食品超市，位于烟台市芝罘区西大街110号，隶属烟台新海水产食品有限公司，2000年9月份开业，其营业面积为400平方米。烟台新海水产品超市是胶东地区规模最大、品种最多的干海产品专营旅游超市。自开业以来，受到了广大游客和本市消费者的青睐。2001年被烟台市旅游局指定为旅游定点购物超市，2002年被评为中国消费品市场安全放心畅销品牌。2004年被评为山东省旅游商品“六真店”。超市里海产干货品种齐全，从珍贵的海参、鱼翅到中档各类海米、干贝以及一系列休闲海产食品，一应俱全。2005年获“2005-2006年度山东省特色旅游购物店十佳品牌”荣誉称号。

烟台新世纪环境艺术中心(山东省旅游协会旅游商品分会会员、山东省旅游商品研发基地)

烟台新世纪环境艺术中心是2000年注册成立的集环境艺术研究、设计、开发于一体的艺术公司，注册资本50万元。现有专业设计、开发、制作人员20余人，拥有副高以上职称7人，中级职称11人。现为山东省旅游商品研发基地。

长岛县小康渔家购物城(山东省旅游协会旅游商品分会会员、山东省旅游商品"六真店")

长岛县小康渔家购物城位于长岛县县府街（邮政局二楼大厅)，营业面积300余平方米，于2003年4月正式对外营业。主营长岛特产刺参（海参)、鲍鱼、大虾、海胆、扇贝、夏夷贝、海带等干、鲜及制成品200多种。开发了拳头产品"发一金"牌干海参、"盐渍海参"、"即食海参"，产品优良，包装精美。并销售海洋食品、海洋药物及各种旅游纪念品。所有展销的产品，从原料采购、加工制作、运输、销售及售后服务等各个环节上严格把关，秉承"质量第一，信誉第一"和"创新、创意、敏捷、高效"的经营理念，打造长岛"小康渔家"精品购物品牌。

潍坊

潍坊杨家埠民俗大观园(山东省旅游协会旅游商品分会常务理事单位、山东省旅游商品"六真店")

潍坊杨家埠民俗大观园，主要从事杨家埠特有的民间传统工艺的展览与销售。有风筝、木版年画、剪纸、布玩具等。其中尤以风筝和木版年画最具代表性。潍坊是世界风筝都，潍坊风筝的发源地即杨家埠。杨家埠的风筝代表潍坊风筝的最高水平，它采用真丝绢面、手工绘制，有六大类近200个品种，其中有遨游长空的龙头蜈蚣、有千姿百态的金童玉女、有艳丽夺目的花卉虫鱼、有栩栩如生的飞禽走兽。木版年画有近600年的历史，是全国三大木版画市之一，它采用木版套印技术，有六大类别，200多个品种，其中有威风凛凛的门神、如诗如画的神话故事、色彩艳丽的四季花鸟、栩栩如生的天女散花、天真可爱的胖娃娃、生动逼真的戏曲人物等。游客在购物的同时，

可欣赏到民间艺人现场制作表演，并参与制作，还可欣赏到风筝的放飞表演。2005年获"2005-2006年度山东省旅游休闲场所十佳品牌"称号。

潍坊市工艺美术协会(山东省旅游协会旅游商品分会常务理事单位)

潍坊市青云山民俗游乐园年画馆(山东省旅游协会旅游商品分会会员、山东省旅游商品"六真店")

潍坊市安丘青云山民俗游乐园年画馆，由张殿英于1998年创办。集木版年画研究、创作和生产为一体，印制中国年画之最—《农家乐》和《山东潍县年画》等画册、册页、轴画、镜片、单幅年画、藏书票和年画画版等年画系列产品。曾荣获中国民间文艺最高奖"山花奖"金奖。 三个镇馆之宝—"保护木版年画三大件"：1、再现木版年画历史面貌的木版水印年画集—《山东潍县年画》14卷；2、向祖国和人民汇报现代木版年画艺术成就的中国年画之最—《农家乐》；3、探索木版年画未来发展方向的助手—"年画工具百宝箱"。2005年获"2005-2006年度山东省特色旅游购物店十佳品牌"称号。

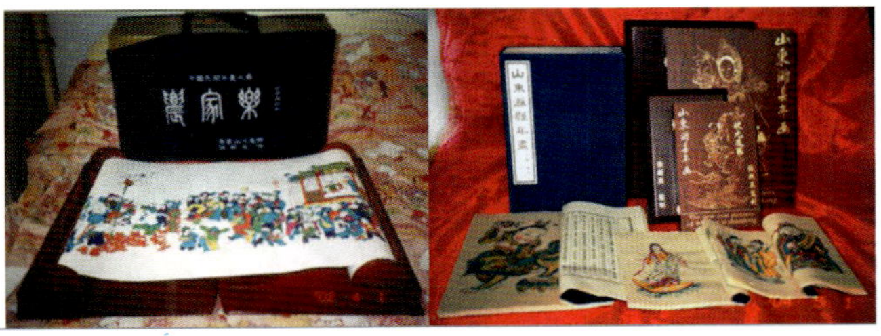

山东金宝集团总公司金宝乐园商品部（山东省旅游协会旅游商品分会会员、山东省旅游商品“六真店”）

金宝乐园商品部营业面积160平方米，开发经营具有风筝都特色、表现乐园民俗园林风情的旅游纪念品。

昌乐欧柏斓珠宝首饰有限公司（山东省旅游协会旅游商品分会会员、山东省旅游商品“六真店”）

昌乐欧柏斓珠宝首饰有限公司前身为成立于1995年的昌乐广达珠宝店，位于昌乐县中国宝石城西街，营业面积600多平方米。公司拥有一批高学历、高技能的专业人才，是一家集原材料开发、产品加工、批发于一体的大型珠宝首饰批发公司。公司成功代理了国际钻石品牌：香港世纪缘钻石、意大利心玳尔钻石和法国欧柏斓名钻。

山东鸿赛珠宝首饰有限公司（山东省旅游协会旅游商品分会会员、山东省旅游商品“六真店”）

鸿赛珠宝首饰（香港）有限公司，是一家集开发设计、生产加工、批发为一体的多元化珠宝公司。工厂占地面积约15000平方米，专业技术人员近200名。公司开发设计出著名的“鸿赛”珠宝品牌。鸿赛以“时尚引领潮流，服务铸就品牌”为经营宗旨；以“恒久支持，互惠互利”为经营理念；以争创一流的珠宝品牌为目标。鸿赛珠宝首饰（香港）有限公司及山东鸿赛珠宝首饰有限公司已获得质量信誉双保障单位的称号；被《中国质量万里行》名牌推广中心选为全国产品质量过硬、服务满意放心品牌；被评为中央电视台上榜品牌、中国著名品牌。

山东仙霞集团有限公司（直销商店）（山东省旅游协会旅游商品分会会员、山东省旅游商品“六真店”）

山东仙霞集团有限公司（直销商店）位于山东寿光县，营业面积180平方米，属山东仙霞集团有限公司直辖。近年来，山东仙霞集团大力实施质量立业、名牌兴业发展战略，发展成为全国同行业双百强企业，获中国驰名商标、国家质量免检、中国十大著名服装品牌、全国守合同重信用企业等荣誉称号。产品发展到西服、西裤、休闲裤、衬衣、皮具、床上用品等10多个系列800余个品种，销往全国20余个省市。开发的防手机电磁辐射西裤获国家专利，填补了国内空白，并被山东省体育局确定为山东代表团指定礼品。同时，商店以公司强大的设计技术为后盾，每年及时开发应季商品上市，满足顾客需求。

潍坊梦佳服饰绣品有限公司（山东省旅游协会旅游商品分会会员、山东省旅游商品研发基地）

潍坊梦佳服饰绣品有限公司（原潍坊刺绣厂），是一家大型外贸生产出口企业。经过近半个世纪的发展，公司现拥有日本平冈飞梭绣花机、瑞士苏拉机、日本田岛多头电脑绣花机、多针绗缝机、单针绗缝机、高速平缝机、青柳打褶机等先进设备260多台（套），发展成集飞梭绣、电脑绣、绗缝绣为一体的专业化生产格局的企业。产品有床上系列用品、服饰绣品、机制花边、绗缝产品四大系列100多个品种。产品远销日本、美国、西欧、中东、南非等二十多个国家和地区。

山东梦金园珠宝首饰有限公司（山东省旅游协会旅游商品分会会员、山东省旅游商品“六真店”）

山东梦金园珠宝首饰有限公司成立于2004年，位于昌乐县中国宝石城博物馆内，是专业从事黄金和白银的加工制造、批发销售的企业，同时兼营铂金、K金、珠宝首饰、工艺品的批发零售业务。成立以来，经过不断的努力，公司员工达到260人，其中管理人员30人，拥有固定资产2149万元，年销售收入2953万元，利税50万元。公司技术力量雄厚，产品销往全国各地，产品质量好，企业信誉高，在同行业中居领先地位。

山东蓝天首饰有限公司（山东省旅游协会旅游商品分会会员、山东省旅游商品“六真店”）

山东蓝天首饰有限公司位于著名的蓝宝石之乡—山东昌乐县，主要生产黄金饰品、银饰品、18K镶嵌饰品及钻石饰品，兼批发PT950铂金首饰、钯金饰品及玉器工艺品。公司始建于1993年，现有职工500余人。公司多年来秉承“诚实信用、精益求精”的经营理念，“顾客满意，就是公司的最高追求”，在潍坊市百城万店无假货活动中被评为示范单位，2000年成为山东省宝玉石协会会员，2004年成为中国宝玉石协会会员单位。在质检部门的历次抽检中均为优质产品，被评为2004年度3.15重点推荐的质量过硬、服务满意品牌示范企业和3A信用企业。

"蓝天牌"首饰2004年度被山东省宝玉石协会评为"山东省著名品牌"。

昌乐县山蓝精品珠宝行(山东省旅游协会旅游商品分会会员、山东省旅游商品"六真店")

昌乐县山蓝精品珠宝行位于山东昌乐县城,成立于2001年3月份,公司宗旨是宣传昌乐、宣传昌乐蓝宝石。为此,公司多方筹集昌乐的名特优蓝宝石吸引各方宾朋。各级领导也给予大力支持。公司连年被评为 "AAA级信用企业",被市消协评为"一星级消费者满意单位"。

潍坊义顺兴杨家埠年画风筝有限公司(山东省旅游协会旅游商品分会会员、山东省旅游商品研发基地、山东省旅游商品"六真店")

潍坊义顺兴杨家埠年画风筝有限公司位于潍坊市杨家埠,是一家集年画、风筝创新设计、经销于一体的综合性民营公司。该公司继承了杨家埠百年老店"义顺兴"的经营理念,以诚信为宗旨,成为世界风筝都潍坊大地上一颗民间艺术的新星。公司设计力量雄厚,生产工艺先进,民俗特色突出,年画线条流畅,色彩对比强烈,内容祥瑞感人。

潍城万华缘风筝艺术发展中心(山东省旅游协会旅游商品分会会员、山东省旅游商品研发基地)

潍城万华缘风筝艺术发展中心是潍城风筝艺术研究交流协会的经济实体,是中国工艺美术协会,山东省工艺美术协会的成员单位,并且是山东省工艺美术协会的风筝专业委员会,是全国唯一省级《风筝标准》的起草单位,中心拥有"潍坊风筝"集体商标的知识产权。中心策划组织了中国风筝史上规模空前的潍坊风筝艺术黄河长江万里行活动,组团到台湾地区进行风筝艺术交流,提出了风筝与旅游相结合的新理念。近几年先后组织举办了第一届上海·潍坊风筝艺术节、第一届杭州西湖·潍坊风筝艺术节、南京·潍坊风筝艺术节、广西南宁·潍坊风筝艺术展、西安·潍坊风筝艺术展、太原·潍坊风筝艺术节展、上海国际汽车城风筝节、川岛潍坊风筝旅游节等。

潍城区风筝艺术研究交流协会(山东省旅游协会旅游商品分会会员、山东省旅游商品研发基地)

潍城区风筝艺术研究交流协会是从事风筝艺术研究交流的民间社团组织,是中国工艺美术协会、山东省工艺美术协会的成员单位,是山东省工艺美术协会的风筝专业委员会。协会以继承和弘扬中国传统文化、交流和传播中国风筝文化艺术、推动中国风筝事业的发展为宗旨。协会在中国传统风筝艺术的基础上,将高科技技术与传统工艺有机地结合起来,取得了良好效果。

山东临朐鲁艺红木家具有限公司(山东省旅游协会旅游商品分会会员、山东省旅游商品研发基地)

山东临朐鲁艺红木家具有限公司系1966年建厂的国家二级企业。公司下辖中外合资临朐鲁艺红木制品有限公司、临朐鲁艺装修工程有限公司、临朐鲁艺石膏制品厂、临朐县工艺品厂等企业。总资产3800万元,现有员工600人,其中工艺美术、工程技术等专业技术人员65人。主要产品有"鲁艺"牌红木嵌银漆器、木制工艺品、木雕壁饰壁画、高强度石膏板材、电动伸缩门、电动机械式汽车举升机、铝合金门窗等产品。承担园林古建、室内装饰装修工程的设计及施工任务。连续多年荣获"山东省重合同守信用企业"称号,鲁艺牌红木嵌银漆器先后获"国际轻工博览会金奖",第七届中国工艺美术品"百花奖","全国轻工业优秀出口产品银质奖"等荣誉称号。"鲁艺"牌商标被评为山东省著名商标。

济宁

曲阜金龙阁艺术品有限公司（山东省旅游协会旅游商品分会会员、山东省旅游商品“六真店”）

曲阜金龙阁艺术品有限公司坐落在曲阜孔府鼓楼门的东侧，1000多平方米的仿古建筑古朴典雅，是一所集旅游品设计、研究、开发、制作、销售、文物鉴定为一体的综合性单位。主要经营：名人书画真迹、珠宝玉器精品、自行研发的“论语”、“如意”、“孔子像”、“文房四宝”、“儒家文化”、“土特产”系列优质产品，共3600多个品种，公司下属旅游品生产基地、“孔府宴研究会”、“据於德”大酒店、六艺茶亭。主营正宗孔府“家宴”、“喜宴”、“寿宴”、“满汉全席精品”、“商务宴”。2004年汉英对照横式排版论语荣获山东省首届旅游商品创新设计大赛唯一“金奖”，被行家评为中西合璧的高雅大作，现已成为国礼走向世界。孔子周游列国、九龙壁、壁挂如意等艺术品荣获优秀奖。2004年组织了“曲阜首届优秀旅游商品设计大赛”评出了金奖、银奖、优秀奖，推动了儒文化系列纪念品的发展。2004年被评为山东省旅游商品“六真店”；2005年被评为“山东省特色旅游购物店十佳品牌”；2005年被中国中轻质量保障中心评为“质量、服务、诚信”AAA企业；2004年被评为“济宁市旅游行业十佳企业”；2006年被评为“旅游标准化试点单位”。

邹城市花鸟鱼虫根雕字画市场（山东省旅游协会旅游商品分会会员、山东省旅游商品“六真店”）

泰安

泰山文化广场（山东省旅游协会旅游商品分会常务理事单位）

泰山文化广场，是全省规模最大、档次最高的旅游文化品市场。广场坐落于泰山中路文化古道，北依“晨曦映红半个山”的红门宫，东濒“瑶池仙境”的王母池，西临“禅房花木深”的普照寺，南靠中国三大宫殿之一的岱庙，是红门路和环山旅游观光路的交汇处。泰山文化广场占地100亩，建筑面积26000平方米，总投资2500万元，可容纳600个摊位，分四个经营区：一区根雕奇石；二区古董字画；三区泰山特产，名贵药材；四区花鸟鱼虫、旅游品等。

泰山大观旅游文化开发有限公司（山东省旅游协会旅游商品分会会员、山东省旅游商品研发基地、山东省旅游商品“六真店”）

泰安泰山大观旅游文化开发有限公司，是泰安规模最大、专业性最强的旅游纪念品开发研制企业。1999年成立，成功策划了泰山千年庆典，纪念泰山碧霞祠建祠九百九十九周年，九百九十九尊泰山·圣母碧霞元君金像敬造及开光等活动。公司开发的泰山紫铜高浮雕艺术壁画、泰山青瓷五岳独尊镶嵌盘等纪念品多次荣获国际、国内设计金奖。为中国体育博物馆设计的大型北京奥运浮雕银盘，填补了世界体育纪念品工艺上的空白。

“泰山五岳独尊青瓷镶嵌盘”在2002年“首届中国旅游纪念品设计大赛”活动中荣获金奖。“泰山紫铜高浮雕艺术壁画”在2002年荣获中国国际旅游商品博览交易会金奖；在2003年荣获香港国际专利技术成果博览会金奖；在2002年，被山东省人民政府赠与香港特别行政区作为庆祝香港回归五周年的礼品。“泰山红木木雕玉印书”在2003年，荣获中国(芜湖)国际旅游商品博览交易会最高奖“优秀展品奖”等。2005年获“2005−2006年度山东省特色旅游购物店十佳品牌”称号。

泰安经济开发区泰山聚宝阁木鱼石展销厅(山东省旅游协会旅游商品分会会员、山东省旅游商品“六真店”)

泰山聚宝阁坐落在泰安与曲阜的交通要道−长城路中段。泰山聚宝阁主要生产、销售精品木鱼石，包括大、小龙杯、竹节杯、精品壶、茶海等。产品造型美观、古朴典雅、纹理清晰、质地细腻，是各位游客首选的佳品。泰山聚宝阁内部装修豪华，各种设施完备，展厅面积达五百余平方米，设有高档卫生间、游客休息室、中央空调等设施。企业拥有职工百余人，均经过严格培训，素质、文化程度，普通话水平均较高，解说员能流利运用各种语言解说。展厅前设有大型停车场，能容纳20余辆大型旅游车。

泰安市泰山韩智赤灵芝有限公司(山东省旅游协会旅游商品分会会员、山东省旅游商品“六真店”)

泰安市泰山韩智赤灵芝有限责任公司坐落于泰安市迎宾大道西段。公司现有职工160人，其中大专以上文化程度18人，高级技术职称10人，是一家集泰山赤灵芝、木鱼石、休闲食品加工、销售和餐饮服务为一体的综合性股份制有限公司。公司自2001年成立以来，坚持“守法经营，公平交易，诚信为本”的经营宗旨，是泰安市旅游局“旅游涉外定点单位”、“山东省消费者满意单位”、泰安市“百城万店无假货单位”。公司灵芝

泰山灵芝富硒茶

泰山灵芝阿胶枣

药店已通过国家药品经营质量管理规范（GSP）认证。公司下设有：泰山赤灵芝销售中心、泰山木鱼石销售中心、泰山休闲食品销售中心、泰山灵芝大酒店、泰山灵芝药店、泰山（青岛）特产销售中心。

泰安市中信灵芝科技开发有限公司（山东省旅游协会旅游商品分会会员、山东省旅游商品研发基地）

中信灵芝科技开发有限公司是一家集科研、培育、加工、销售为一体，以泰山灵芝系列健康产品为龙头的现代化综合性企业。公司建筑面积近万平方米，公司现有生产流水线5条，其中多功能提取流水线是采用CO_2超临界以及超声波提取、膜真空浓缩，是目前我国最先进的提取工艺之一。先进的技术装备和GMP技术标准，为我公司的优质产品提供了技术保障，现灵芝系列产品年生产能力可达数百吨。公司系列产品采用泰山产赤灵芝为原料。公司成立10年来，以“用心爱人”为企业理念，坚持“科技先导，品质过硬”原则，追求“人人享有健康”目标，努力打造“世界健康品牌”。公司泰山灵芝系列产品现已畅销美国、日本、韩国、新加坡、马来西亚、台湾、香港等十多个国家和地区。2005年获“2005—2006年度山东省旅游商品十佳品牌（土特产品类）”称号。

肥城市正港木业工艺品厂（山东省旅游协会旅游商品分会会员、山东省旅游商品研发基地）

山东省肥城市正港木业工艺品厂，位于泰山西麓肥城市。成立于2001年7月，主要利用肥城市丰富的桃木资源、开发生产各种桃木工艺品。现已形成桃木宝剑、十二生肖、如意、泰山三宝、挂件等二十几个系列几百种产品，年生产规模近万件。产品采用浮雕、镂雕、线雕等手法，造型精巧、栩栩如生，先后在国际、全国、省、市获二十余项大奖。被评为泰安市旅游商品开发工作先进单位、泰安市首批推荐标志旅游商品、肥城市先进民营企业。

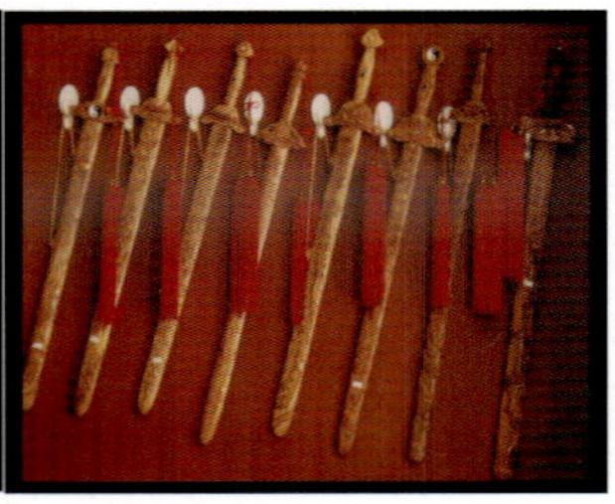

泰安市岱岳大汶口文化研究开发中心（山东省旅游协会旅游商品分会会员、山东省旅游商品“六真店”）

肥城市桃园旅行社商品部（山东省旅游协会旅游商品分会会员、山东省旅游商品“六真店”）

威海

威海华岳建设发展有限公司国际金玉珠宝交易中心（山东省旅游协会旅游商品分会常务理事单位）

威海国际金玉珠宝交易中心由威海华岳建设发展有限公司投资设立，是中国北方最具规模的集珠宝加工、批发、零售、培训、旅游为一体的珠宝集散地，拥有多个品种国际品牌的中国总代理权，并与日本、韩国等珠宝商合资成立珠宝产品加工企业。中心总面积15000平方米，交易商场4000平方米。一层大厅为国内品牌首饰销售厅，有十几家著名品牌企业先期入驻经营，二层为国际厅，经营来自世界各地的名牌珠宝、名表、名牌眼镜及旅游工艺品等。中心以规范化、规模化、信息化、国际化为经营理念，以诚信开拓为经营宗旨，让广大消费者领略品牌风采，鉴赏品牌魅力，了解品牌实力，知会品牌诚信，享受品牌服务。中心致力于打造“品牌联盟连锁、品牌诚信服务”，建立一整套完善的营销管理经营体系。

山东省财富物业管理有限公司威海分公司

财富广场位于威海市统一路29号，毗邻威海市商业步行街，是威海市繁华的商场之一。商场主要经营韩国服装、箱包、百货、食品等，经营面积3600平方米，分别设有大、中、小摊铺600余个。商场宽敞明亮，装饰典雅，店面整洁协调，环境良好；设有接待区域，能提供休憩服务；所售商品突出韩国风情，同时也结合本省和本地自然景观与人文特点。2005年获“2005－2006年度山东省大型综合旅游购物场所十佳品牌”称号。

威海市百莲旅游产品开发有限公司（山东省旅游协会旅游商品分会会员、山东省旅游商品研发基地）

威海市百莲旅游产品开发有限公司是威海市最早从事中国民间传统工艺、海洋文化旅游工艺品及实用工艺品的设计、开发、生产及销售的综合性企业。公司设有样品研发部、设计部、销售部、服务部等。本公司根据客户提供的要求和资料开发各种工艺品，包括标志、图案、摄影和多媒体电视作品。公司继承中国传统工艺，以传统工艺同现代工艺相结合的艺术之路开发现代工艺。2004年开发的《美人鱼》题材系列产品，在首届山东省旅游商品创新设计大赛中获“银奖”。2005年《泉城旅游地图折扇》获“泉城杯”第二届山东省旅游商品创新设计大赛优秀奖。

日照

日照友谊商店（山东省旅游协会旅游商品分会会员、山东省旅游商品“六真店”）

友谊商店位于日照新市区黄海一路中段，是全市规模最大、档次最高的大型购物中心，是日照市旅游购物推荐单位。多年来，认真贯彻执行《消费者权益保护法》等法律法规，开展全过程优质服务，取得了连续五年商品质量、价格和服务零投诉的优良成绩，连续多年被授予日照市“旅游接待推荐单位”、“省级旅游消费信得过单位”、“山东省消费者满意单位”、省、市级“重合同守信用企业”、“物价计量最佳单位”、“食品安全诚信单位”、省级百城万店无假货示范店、全国“诚信经营单位”等荣誉称号。

日照市旅游商品市场（山东省旅游协会旅游商品分会会员、山东省旅游商品“六真店”）

日照东辰商厦有限公司（山东省旅游协会旅游商品分会会员、山东省旅游商品“六真店”）

莱芜

莱芜市圣一阁工艺品有限公司（山东省旅游协会旅游商品分会会员、山东省旅游商品“六真店”）

莱芜市圣一阁工艺品有限公司，位于莱芜市鲁中东大街10号，是莱芜市定点旅游购物商店、山东省旅游商品“六真店”，2001年开业。该公司主要生产经营三叶虫化石、奇石等石制工艺品。公司借助莱芜圣石山珍贵的三叶虫化石资源，继承发扬燕子石工艺品的独特生产工艺，精工制作成砚台、文房四宝、屏风、花瓶、扇面等上百个品种的工艺品，造型古朴大方，格调高雅，深受各界人士赏识，是馈赠亲朋好友的佳品。

莱芜市清美文化艺术有限公司（山东省旅游协会旅游商品分会会员、山东省旅游商品研发基地、山东省旅游商品“六真店”）

莱芜市清美文化艺术有限公司，成立于2003年，是由山东莱芜鲁王工坊锡雕工艺（荣获1915年巴拿马国际博览会银奖）的第八代传人—王千钧创办并与清华大学美术学院合作的文化传播公司，旨在弘扬文化、推广艺术、倡导艺术的生活。为弘扬莱芜锡雕艺术，公司总经理王千钧在传统设计中不断融入现代设计理念和丰富的文化内涵，研制生产了独具特色的锡雕工艺品，并注册了“鲁王工坊”的商标。开发的中华瑰宝吉祥缸、长勺之战、兰亭序系列锡雕茶叶罐受到了广泛好评。2005年获“2005−2006年度山东省旅游商品十佳品牌（名优产品类）”称号。

公司现为国际风联指定精品定点单位，中华老字号会员单位，中国商业联合会会员单位，中国企业文化促进会会员单位，中国传统文化委员会会员单位，中国质量万里行打假维权协作联盟委员单位。

临沂

山东沂蒙老区酒业有限公司（山东省旅游协会旅游商品分会理事单位）

山东沂蒙老区酒业公司，地处山东省东南部的临沭县城。公司以“铸老区品牌，树亿万口碑”为企业宗旨，以“文化营销、厂商共赢”为营销理念，推动着企业的健康发展，形成了以酒业为主，集科、工、贸为一体，拥有总资产1.2亿元，年创利税超千万元的现代化企业。

主导产品有优质酒精、无水酒精、沂蒙山泉矿泉水及“沂蒙老曲”、“沂蒙老乡”、“古泉春”三大系列50多个品种的高、中、低档白酒。“沂蒙老曲”连年被评为省名牌产品，商标被评为省著名商标，“沂蒙老曲”、“好汉V99”、“老家酒”、“贵人道”等品牌外包装设计获国家专利。企业连年被上级评为“省级消费者满意单位”、“中国酒文化研究先进单位”等荣誉称号。

临沂市万福珠宝金行（山东省旅游协会旅游商品分会会员、山东省旅游商品“六真店”）

临沂市万福珠宝金行（原临沂市黄金珠宝金行），1994年8月开业，总店位于临沂市解放路68号兰田步行街1号楼，营业面积1000余平方米，现有员工80人。主要经营钻石、铂金、黄金、珠宝、玉器；镶嵌饰品及各种工艺品。店内设立了全国名牌饰品上海老凤祥首饰专柜、上海老庙首饰专柜、潮宏基珠宝钻石专柜、真谛珍珠专柜、浙江日月明牌专柜、瑞士名表专柜、缅甸玉石专柜等，经营本地生产全国闻名的徐公砚、纪念王羲之的工艺礼品及一些手工制作地方特色浓郁的礼品。为方便游客，本店代理了当地风味特产沂蒙六姐妹煎饼、八宝豆鼓以满

足不同消费者的需求。企业连年被兰山区委、区政府、区经委授予“先进单位”荣誉称号，被市工商局评为“重合同守信用”单位。2002年被中国宝玉石协会评为全国“放心示范店”单位，被省消协评为“省级消费者满意单位”。2003年被团区委授予“青年文明号”荣誉称号。2004年，万福品牌被评为山东省著名品牌。

临沂市陶然居大酒店商品中心（山东省旅游协会旅游商品分会会员、山东省旅游商品“六真店”）

聊城

山东省高唐蓝山集团总公司（山东省旅游协会旅游商品分会会员、山东省旅游商品研发基地）

山东省高唐蓝山集团总公司是集粮油食品加工、畜禽养殖、屠宰与肉制品加工、饲料加工、房地产开发、物业管理、包装、液晶科技为一体的综合性企业集团，并享有自营进出口权。拥有员工3000人，总资产5亿元。是“全国农业产业化重点龙头企业”、“全国守合同重信用企业”、“省级文明企业”、“省粮食系统三十佳企业”、“市级先进企业”、“AA级信用企业”、“中国食品行业百强企业”、“中国肉类五十强企业”、“省级技术开发中心”；通过了国际ISO9001质量管理体系认证；商标被评为“山东省著名商标”；食用油、熟肉制品、饲料被评为“山东名牌产品”。食用油、熟肉制品获国家质检总局的QS认证。

菏泽

鄄城县鲁锦工艺品有限公司（山东省旅游协会旅游商品分会会员、山东省旅游商品研发基地）

鄄城县鲁锦工艺品公司是一家专业生产手工纯棉织锦的企业，也是鲁西南唯一一家手工织锦的厂家。公司开发生产的“精一坊”鲁锦产品畅销韩国、日本等多个国家，受到海内外消费者的喜爱。清代时，鲁锦曾作为贡品进献朝廷，成为大内御用之物。鲁锦织造的工艺流程十分繁杂，从采棉纺线到上机织布，要经过大大小小72道工序，其纺织工具几乎全是木制的，将一团团洁白的棉花变成色彩斑斓的棉线，又以22种基本色线神奇幻化出1990种绚丽多彩的图案，堪称千变万化、巧夺天工。如今，鲁锦在保持传统特色的基础上，与现代技术、设计相结合，开发生产出适应现代人生活情趣和审美需要的工艺壁挂、家纺、服装服饰、箱包手袋等品种的产品。

第7部分 山东省旅游休闲购物十佳品牌

"2005–2006年度山东省旅游休闲购物十佳品牌"

"2005–2006年度山东省旅游休闲购物十佳品牌"推介活动，是为积极响应山东省政府提出的建设旅游强省的号召，提高我省旅游商品企业的竞争力，打造品牌，而组织的大型品牌评选活动。此次活动由山东省旅游行业协会、山东省消费者协会主办，山东省旅游商品开发服务中心、山东省旅游协会旅游商品分会承办。

本次活动设置了2005～2006年度山东省旅游商品十佳品牌（分为工艺品类、土特产品类和名优产品三类）、山东省大型综合旅游购物场所十佳品牌、山东省特色旅游购物店十佳品牌、山东省旅游休闲场所十佳品牌四大奖项。

本次活动自2005年9月16日正式开始，共有220多家企业报名参加。活动遵循公开、公平、公正的原则，分类、分行业、分地域推介。经过企业申报，市旅游协会和市消费者协会汇总整理，省旅游商品专家委员会终评。

有60家企业荣获十佳品牌称号，评选结果于2005年12月14日在"西霞口旅游杯"第三届山东省旅游商品创新设计大赛颁奖典礼上公布，并颁发了奖牌。

"2005–2006年度山东省旅游休闲购物十佳品牌"名单

山东省旅游商品十佳品牌（工艺品类）

临沂市工艺美术研究所

天然海石画系列产品（山东烟台长岛县旅游事业管理处）

羲之牌系列产品（临沂书圣文化艺术品有限公司）

城子崖牌黑陶系列产品（龙山文化国庆黑陶开发研究所）

泉舜龙牌文化礼品（济南泉舜龙文化发展有限公司）

"泰山红"平安服系列产品（泰安市泰山区泰山润英民间文化发展中心）

泰山石函砚（泰安市岱宗石砚厂）

鲁岩牌木鱼石系列产品（济南张夏鲁中石刻工艺品厂）

青岛贝雕（青岛贝雕工艺品有限公司）

"老牛车"民俗木制工艺品（济宁老牛车木制工艺品有限公司）

山东省旅游商品十佳品牌（土特产品类）

沂蒙红嫂系列产品（临沂市沂蒙红嫂旅游开发有限公司）

"沂蒙小调"系列产品（山东省费县沂蒙小调特色食品有限公司）

长红牌系列枣类产品（枣庄长红果品开发有限公司）

食香牌菜煎饼（枣庄食香菜煎饼全国连锁总店）

"泉头"牌农副产品（章丘市种业有限公司）

中信牌保健食品（泰安市中信灵芝科技开发有限公司）

乐陵金丝小枣（山东乐陵留香园旅游开发有限公司）

裕德牌系列食品（烟台裕德食品有限公司）

周村牌烧饼（山东周村烧饼有限公司）

大泽山葡萄（平度市大泽山镇人民政府）

山东省旅游商品十佳品牌（名优产品类）

青正牌系列饼干（青岛正青食品有限公司）
盛锡福帽子（青岛盛锡福实业公司）
李店牌松花蛋（滕州市龙海松花蛋有限公司）
顺香斋牌系列食品（山东顺香斋食品有限公司）
金猴牌皮鞋（威海市金猴集团有限责任公司）
好当家牌即食海鲜（好当家集团有限公司）
食藻宝牌海带系列产品（山东俚岛水产有限公司）
野风酥牌食品（济南野风酥食品有限公司）
石岛牌玻璃制品（山东华鹏玻璃股份有限公司）
鲁王工坊牌锡雕工艺品（莱芜清美文化艺术有限公司）

山东省大型综合旅游购物场所十佳品牌

贵和商厦(山东鲁能商贸有限公司)
济南市人防永兴商城
济南市英雄山文化市场
中百大厦（山东潍坊百货集团股份有限公司中百大厦）
德州百货大楼（山东德州百货大楼集团有限公司）
华强大陆商业村（临沂华强大陆商业村）
金都招远黄金珠宝首饰城（金都招远黄金珠宝首饰城有限公司）
威海海港大厦商品总汇
临沂桃园购物有限公司
财富广场（山东省财富物业管理有限公司威海分公司）

山东省特色旅游购物店十佳品牌

淄博东方工艺品有限公司
山东滨州雪莲银庄
山东百旺文化市场
济宁小苏州工艺珠宝礼品有限公司
大观旅游文化公司（泰安泰山大观旅游文化开发有限公司）
山东临沂市君发礼品有限公司
新海水产食品超市（烟台新海水产食品有限公司）
青岛啤酒博物馆（青岛啤酒文化传播公司）
曲阜金龙阁艺术品有限公司
青云山民俗游乐园（潍坊青云山民俗游乐园）

山东省旅游休闲场所十佳品牌

卧虎山滑雪场（山东君创休闲运动俱乐部有限公司）
名人会馆（山东省莱芜泰钢娱乐城名人会馆有限公司）

杨家埠民俗大观园(潍坊市杨家埠风筝厂）

陶然居旅游有限公司

零点俱乐部

盛能游乐园

淄博王府井广场（山东册诚商贸广场发展有限公司）

金麒玉麟温泉山庄（青岛即墨金麒玉麟温泉山庄）

青岛极地海洋世界

海尔山庄

山东省旅游商品开发服务中心

SHANDONG TOURISM COMMODITY DEVELOPMENT CENTRE

地址：济南市经十路 86 号　邮编：250014

电话：0531-82676202　82676201　传真：0531-82676201

网址：www.tconline.cn 旅游商品在线